CW01648426

Le prob

Etienne Borne

Le problème du mal

QUADRIGE / PUF

ISBN 2 13 044149 1
ISSN 0291 0489

Dépôt légal — 1re édition : 1958
1re édition « Quadrige » : 1992, avril

Le Psychologue
108, boulevard Saint-Germain, 75006 Paris

INTRODUCTION

Situation du problème

L'usage scolaire est de traiter du problème du mal quand tout le reste est fini, au terme des manuels et des cours de philosophie dans un ultime chapitre de la métaphysique. Alors en cette terre lointaine et inaccessible — arrivera-t-on un jour à la métaphysique et qui achèvera jamais la métaphysique ? — les optimismes et les pessimismes vont s'affrontant selon les rhétoriques établies. Et cependant on devrait enfin avoir quitté l'école et les bavardages savants ; serait alors venu, s'il n'était pas si tard et si on les énonçait jamais dans leur nudité, le moment des questions enfin sérieuses : malgré la douleur et l'échec et la mort, la vie vaut-elle la peine d'être vécue ? Les ordinaires raisons de vivre des hommes résistent-elles à l'irréparable du malheur, aux ironies cruelles et menteuses de la fortune et de l'infortune ? Le mal qui est dans l'homme, faute actuelle ou malice virtuelle, fait-il pour lui un destin invincible ou peut-il être réparé, effacé, racheté et suivant quelles ressources humaines ou surhumaines de sagesse et de salut ?

L'interrogation met en cause à la fois le sens de l'univers et le sens de l'histoire : l'homme qui est si généralement l'ennemi de l'homme, surtout lorsqu'il s'enferme dans le fanatisme des sociétés closes, pourrait-il d'aventure ou définitivement se réconcilier avec son prochain et de ces relations de violence et de haine qui sont le plus constant tissu de l'histoire, quelle vertu ou quelle grâce seraient capables de faire surgir dans la fraternité humaine une cité enfin harmonieuse ? Quelles sont au total dans un monde où le mal prend des formes si multiples, si ingénieusement renouvelées et d'une efficacité souvent dévastatrices, les chances d'un bien trop difficile à reconnaître, à définir, à pratiquer et qui ne propose parfois dans un ciel incertain que la figure sans visage d'un idéalisme abstrait ? Et enfin savons-nous vraiment dans cette contrée de la confusion où nous sommes condamnés ou appelés à vivre ce qu'est le bien et ce qu'est le mal, tant ils se trouvent désespérément mêlés l'un à l'autre ?

Les questions de cette sorte s'appellent entre elles indéfiniment et elles font un tournoiement si précipité qu'il est bien propre à donner le vertige à la pensée humaine à mesure que la réflexion prend la densité et la gravité de la méditation. La philosophie traverse alors une dure épreuve car elle se met à douter d'elle-même et de son pouvoir. Les inquiétudes qu'on vient de rapidement traverser risquent de nous avoir conduits au delà de la philosophie, car les limites entre la pure philosophie et ses au-delà qui se nomment art, politique et religion sont de celles que l'on franchit sans s'apercevoir qu'on a changé de monde, tant la frontière est invisible au regard et techniquement irrepérable. La philosophie aurait-elle qualité et compétence pour poser le problème dans toutes ses dimensions, il n'est pas sûr qu'elle puisse résoudre avec les moyens du bord une question qui intéresse la destinée intégrale de l'homme. Pour devenir adéquate à une solution véritable, la philosophie devrait se dilater indéfiniment et abusivement jusqu'à devenir le tout de l'esprit alors qu'elle n'en est de toute évidence qu'une partie et non la principale, ou qu'un moment, et ni le premier ni le dernier.

Traiter le problème du mal, c'est donc prendre aussi et dans une circonstance décisive les mesures de la philosophie, se disposer à en pouvoir déterminer les limites et la valeur. Aussi n'est-il pas de grande doctrine philosophique qui ne sache où l'attend l'épreuve fondamentale et qui ne se sente à la fois attirée, intimidée, repoussée par ce problème du mal : ainsi un homme en proie à la séduction et à l'angoisse de cette vocation, de cette œuvre ou de cet amour dont il n'ignore pas dès les commencements qu'il sera par eux mené jusqu'à cette extrémité de lui-même où lui sera révélé sans appel le verdict de sa propre vérité. D'où alors ces tergiversations et ces lanternements dans une philosophie comme dans une vie d'homme pour retarder cette confrontation avec l'essentiel.

***

Il y a plus encore : le mal comme problème rend problématique la philosophie elle-même, l'oblige à mettre en question son existence avec sa signification. Qui pose loyalement le problème ne sait pas s'il ne sera pas contraint à la fin de conclure contre la philosophie. La possibilité ne saurait en effet être exclue *a priori* que dans le monde tel qu'il est et tel qu'il va, il y ait de l'incompréhensible et de l'injustifiable, du moins pour la pensée philosophique, et alors celle-ci devrait signer sa propre abdication ou peut-être changer radicalement de nature dans une métamorphose mortifiante et imprévisible.

Affrontant le problème du mal, la philosophie assume donc un risque total en convenant que tant qu'elle n'a pas traversé le feu de cette question, elle ne sait pas bien ni ce qu'elle est, ni même si elle est. En une telle matière, il ne saurait y avoir de philosophie sans courage, ou même sans héroïsme, si l'héroïsme consiste simplement à s'exposer à la mort pour accomplir son devoir. Le problème du mal force la philosophie à l'héroïsme.

On comprend mieux alors que la coutume scolaire de renvoyer le problème du mal à l'extrême fin de la philosophie n'est pas seulement une commodité pédagogique tant cette situation est riche de sens multiples et contrastés : est-ce tenir à distance un problème qui ne peut se considérer de près et fixement ? S'agit-il, tous les préalables remplis et toutes les vérités utiles engrangées, de déterminer la finalité dernière d'une philosophie, devenue enfin, avec honneur et bonheur, la métaphysique ? Va-t-on annoncer la mort, l'accomplissement ou la résurrection de toute sagesse ? On ne sait, aucune de ces possibilités ne pouvant être d'avance récusée.

Le problème du mal met donc un terme à la philosophie, qu'il en permette s'il est résolu, l'accord final, ou que, insoluble, il en sonne le glas ou encore qu'il lui promette quelque promotion au delà d'elle-même. Nous n'en déciderons pas au stade des préliminaires ; au moins soupçonnons-nous que l'horizon est barré et que si son destin était de cesser, la sécurité de la route aurait déjà trahi le voyageur.

***

Métaphore encore approximative : il faut écarter les images et comprendre qu'un problème-limite comme celui du mal en même temps qu'il suscite un doute sur la philosophie pourrait mettre dans une vive lumière la nature de la philosophie, dévoiler l'Idée exemplaire à laquelle elle participe, car le temps des crises est aussi celui de la révélation des essences. Question des confins, le problème du mal pourrait alors être le type même du problème philosophique, lequel se reconnaîtrait à ce signe qu'il met en cause la philosophie et la presse de se dépasser vers quelque accomplissement de culture et d'action, d'art ou de religion. Cette « Ultima Thulé » deviendrait alors notre terre familière et quotidienne.

Ainsi le problème du mal contaminerait de proche en proche tous les problèmes philosophiques, qui dès qu'ils touchent à l'humain rendent semblablement la philosophie problématique. Nécessaire comme un moment inéluctable, la philosophie pourrait bien ne pas se suffire à elle-même puisqu'elle vient d'une expérience et d'une épreuve pour se résoudre en une autre expérience et en une autre épreuve. Prise dans la dialectique concrète qui la dépasse, la philosophie n'occupe, livrée au tourment de la contestation de soi, qu'un précaire entre-deux. La philosophie est voie et une voie n'est vérité que si elle se reconnaît comme voie. La situation du problème du mal dans l'ensemble de la problématique philosophique n'est pas sans nous éclairer sur la situation de la métaphysique en tant que telle par rapport à l'existence humaine.

***

Le problème du mal est donc à la fin ; mais il est trop clair que l'ultime est ici l'essentiel et enveloppe tout le reste, que la fin habitait mystérieusement l'origine. L'inquiétude fondamentale de l'homme (que nos contemporains appellent angoisse et malgré le romantisme de ce langage, nous nous rallierons à un usage devenu commun), l'angoisse donc est, quelque masque qu'on lui fasse porter, un mouvement de retrait qui va du malaise à l'horreur devant la révélation du mal. S'il n'y a pas de sentiment sans objet suivant une vieille loi redécouverte par la phénoménologie contemporaine, « l'intentionalité » de l'angoisse, on essaiera de le montrer, est exactement le mal. Angoisse et angoisse du mal sont donc une seule et même chose, et qui pourrait bien jouer de surcroît le rôle de principe premier et d'aiguillon constant de la recherche philosophique. C'est redire, en termes différents, que l'alpha et l'oméga se rejoignent et que le problème du mal se montre au terme parce qu'il était au commencement. On a pu retarder à force de digressions le moment de la rencontre, mais on savait bien dès le départ qu'il faudrait en venir à ce dernier rendez-vous, et si on n'en avait pas confusément connu l'appel, on ne serait pas parti.

Plus que de l'être et du néant — abstractions secondes — le débat philosophique porte sur ces réalités premières que sont le sens et le non-sens, c'est-à-dire sur le bien et sur le mal métaphysiquement considérés : car où serait, s'il est, l'absolu du mal sinon dans le non-sens radical et où est l'absolu du bien sinon dans quelque Perfection ou Valeur qui par surabondance de signification doit posséder la plénitude de l'existence ? L'angoisse qui apporte nourriture et élan à la philosophie n'est rien d'autre pour user d'un langage cette fois classique qu'un étonnement de pensée devant le scandale du mal qui, malheur absolu ou crime inexpiable, menace, par une contagion impossible à conjurer, d'ôter leur sens à l'existence humaine et à l'être universel. L'angoisse appréhende le mal *dans* l'existence; elle redoute d'être réduite à confesser le mal *de* l'existence et elle se meut tout entière entre cette réalité et cette possibilité. Une philosophie animée par l'angoisse n'a pas à renier son étymologie et elle reste l'amour de la sagesse, définition moins sereine qu'il ne semble d'abord, car aimer n'est pas posséder et la philosophie reste l'amour de la sagesse en devenant alors la quête anxieuse d'un sens libérateur à travers les étroits défilés de l'angoisse.

***

De ce peu de précautions, on tirera l'abrégé d'une méthode et l'ordre d'une recherche, évidemment sommaire.

La connaissance du mal n'est pas purement spéculative. Souffrance ou péché, le mal ne saurait être objet de science objective et désintéressée. L'homme tout entier esprit, cœur et corps rencontre, éprouve et subit le mal, l'homme en tant qu'homme et non pas seulement l'homme en tant que raison. L'angoisse étant ce sentiment total du mal, on proposera, en un *premier chapitre* une phénoménologie ou plus simplement une description de cette angoisse en insistant sur ces extrémités singulières du malheur ou du crime dans lesquelles le mal paraît se faire destin.

Plusieurs attitudes sont alors possibles : ruser avec l'angoisse et la transfigurer ou l'apaiser imaginairement par le moyen du mythe et de l'art, dont les fonctions se confondent puisqu'ils sont frères jumeaux, et cette mise à la question de la mythologie fera le sujet de notre *chapitre deuxième* ; ou bien philosopher contre l'angoisse, tenter de la vaincre par la raison, c'est-à-dire la convaincre d'illusion à force de sagesse, et nous serons ici au nœud

…œur de la difficulté majeure de notre propos dans …*hapitre troisième* où on se demandera si la philosophie …st capable de remporter une victoire totale dans l'épreuve que lui inflige la rencontre avec le problème du mal.

Le double échec de la mythologie et d'une philosophie rationnelle de part en part ne devrait pas signifier la mort de l'espérance : il resterait à philosopher dans l'angoisse à pousser aussi loin qu'il serait possible son insoutenable logique, à chercher dans l'exaspération de cette angoisse l'essai d'un itinéraire vers Dieu, Dieu étant désormais soigneusement distingué d'un mythe de beauté qui revêtirait l'être universel d'harmonie esthétique comme d'un principe logique enveloppant, expliquant et justifiant le tout des existences. Notre *quatrième chapitre* constituera alors la brève esquisse d'une métaphysique qui, écartées les idoles poétiques et logiques, feraient se rejoindre la dialectique de l'angoisse existentielle et la mystique de l'argument ontologique, assurant ainsi le passage de la philosophie à une théologie. Un *cinquième* et dernier *chapitre* essaiera de revenir aux attitudes concrètes de l'homme en face du mal, de découvrir que l'angoisse contient non seulement une métaphysique mais encore une éthique qui ne se confond pas avec un moralisme formel mais qui rejoint et une politique et une religion.

La large part pourra surprendre qui est faite dans cet essai à la reflexion sur la mythologie comme à un commencement de théologie ; c'est que l'une et l'autre sont profondément enracinées dans notre condition et en ce sens éternelles ; car quelqu'effort heureux dont elle soit capable pour chercher et souvent pour trouver dans l'homme seul la vérité des dieux, la raison qui se fie à sa propre loi est vouée à cette alternative ou de fuir Dieu en s'enveloppant de mythologie ou d'avoir raison d'une mythologie par recours à une théologie. La méditation métaphysique sur le problème du mal obéit au rythme de l'angoisse qui fait toujours plus resserrée la route des hommes jusqu'à l'ultime alternative : le mythe ou Dieu. Alors la méthode se change d'elle-même en doctrine. Alors la doctrine s'arrête sur ce bord abrupt où l'antinomie ne peut être dénouée ou tranchée que par une option. Au sommet du plus haut promontoire, la contemplation peut être sublime, mais les chemins ont cessé, la suprême décision reste en suspens et l'angoisse demeure. Car jamais la connaissance la plus aiguë n'abolira la liberté.

CHAPITRE PREMIER

Le mal comme passion et comme pensée

LE MAL ET LE DISCOURS IDÉALISTE

La tradition philosophique distingue le « mal physique » ou douleur et le « mal moral » ou faute, dont il est clair qu'ils appartiennent à la condition humaine. Il y a problème du mal à partir du moment où l'un et l'autre mal apparaissent comme capables de mettre en péril le jugement positif de valeur que, sans eux, l'homme porterait sur sa propre existence et sur l'ordre universel. Dès lors tout mal, « physique » ou « moral » en tant qu'il implique une possible dévalorisation de l'être devient un « mal métaphysique ».

Si l'idéalisme est cette philosophie selon laquelle l'esprit ne pose que les problèmes qu'il peut immédiatement résoudre par les ressources qui lui sont propres et qu'il lui suffirait de déployer sans sortir de lui-même, le discours idéaliste sur le mal aura pour tâche de dissoudre le problème métaphysique du mal. Si en effet la conscience que nous prenons du mal avait ce pouvoir de lui ôter tout ce qu'il a, au moins en apparence, d'inintelligible et d'insurmontable, le classique problème du mal deviendrait le type même du faux problème. Par le moyen de la connaissance du mal, l'esprit immanent à toute conscience serait remède pour la souffrance et salut pour le péché ; le mal devenu pensée cesserait de nous tourmenter comme une passion, de nous accabler comme un destin. Le discours idéaliste nous propose d'emblée un itinéraire tentant : on ne peut savoir combien il est court et qu'il mène à une impasse, sans en éprouver d'abord la pente facile. On verrait mieux alors les raisons pour lesquelles le problème métaphysique du mal résiste au discours idéaliste.

Le propre du discours idéaliste est de découvrir d'abord un *Cogito* rassurant au-dedans même de la douleur — qui toujours est souffrance humainc et souffrance pensée. Certes il est une douleur animale qui fait dans la nature une passable énigme, mais on peut sans invraisemblance l'imaginer bloquée dans l'instant, dépourvue d'appréhension et de mémoire, réduite à l'obscure sensation d'un comportement désaccordé, bref différente en essence de la douleur humaine. Celle-ci, bien qu'indéfinissable et connaissable seulement dans l'épreuve subjective que nous en faisons, n'est pas exactement une donnée immédiate de la conscience ; elle ne possède pas la simplicité déjà théorique du plaisir ; aussitôt née elle devient question au-dedans de l'être qui la subit et malgré lui l'entretient et la nourrit ; elle provoque ce dédoublement qui est le propre de la pensée dans l'homme. Aussi aucune douleur n'est-elle seulement « physique » ou sensible, ni même naturelle. Toute douleur est morale, toute douleur est d'esprit, suscitant justement parce qu'elle fait mal, qu'elle est incommode ou intolérable, soit un effort pour l'oublier, l'éluder par le divertissement ou la vaincre par la connaissance objective de ses causes, soit un élan de protestation et de révolte qui est le même déchirement intérieur et le même éveil de la pensée.

La douleur donc arrache l'homme au sommeil de la nature ; elle l'établit dans cette activité d'alerte, de vigilance et de négation, qui définirait l'esprit dans l'homme, à en croire un certain nombre de nos contemporains qui de tradition classique ou existentialiste sont cependant, d'Alain à Sartre, disciples du discours idéaliste. Leur thèse est sans doute forcée et partiale, mais sa vraisemblance s'explique aisément si l'aversion à l'égard de la douleur a quelque chose d'originel et qui met en branle nos ressources intellectuelles et spirituelles, jusque là assoupies.

Nous ne contesterons pas au discours idéaliste son thème initial : la naissance de l'esprit dans l'homme est véritablement dans un propos de non-résignation au mal, et l'homme ne découvrirait pas son âme sans une première épreuve de résistance. Certes ce mouvement d'étonnement, de recul et de riposte devant un mal qui a pénétré en nous a quelque chose de naturel, mais qui en même temps, le discours idéaliste a raison, rompt avec la nature et la dépasse vers une région indéterminée, une nuée dont on ne sait si elle est irréelle ou surréelle, puisqu'elle est mère des possibles ; une réponse est à inventer, mais qui n'a pas encore de figure ; le vécu n'est pas tolérable, donc il ne sera pas toléré ; le geste de retrait devant la douleur, seul réflexe qui soit déjà réflexion, est tout différent d'une tendance instinctive, qui, elle, sait obscurément où elle va et qui est prisonnière de déterminismes et de finalités ; le mouvement de résistance au mal surgit comme un éclatement dans un vide, mais un vide destiné à susciter création et décision ; vide qui est un faux néant puisqu'il est un pouvoir prochain de penser et d'agir, vide semblable au rien d'où sort un monde neuf. L'enfant qui éprouve dans l'impatience sa vulnérabilité à la douleur est désormais apte à imaginer des précautions, des prudences, des bravades, toute une conduite de détour, de ruse, de courage délibéré ou différé qui est affaire d'esprit et qui rompt avec les lourdeurs et les fatalités d'un processus animal et naturel ; découvrant la défiance et le défi, l'enfant qui s'est fait mal invente l'homme. Et ce débat d'esprit avec le mal tissera toute la trame d'une existence humaine : lorsqu'il est prêt à se défaire par la maladie ou le malheur, l'homme, qu'il s'en remette au sorcier, au médecin, au prêtre, fait par cet appel la preuve que ne consentant pas à son déclin et à sa mort, il est par l'esprit plus grand que sa douleur, même si son esprit est fils de sa douleur.

De cette vérité indiscutable que toute douleur humaine est souffrance d'esprit, le discours idéaliste tente de conclure que le mal de la douleur porte en lui-même la possibilité et la réalité de sa propre solution. Le pourquoi n'est-il pas clair lorsque l'esprit répond pour l'esprit ? Si elle est une inquiétude génératrice de pensée, source de la technique intelligente et de l'action proprement humaine, si elle creuse en l'homme une dimension d'intériorité, si elle crée une distance entre l'homme et la nature, si elle est une expérience de détachement et de non-adhésion, la souffrance n'impose-t-elle pas d'un coup à chacun d'entre nous la certitude de la réalité et de la valeur de son esprit et de l'Esprit ? Dès lors la souffrance deviendrait humaine, elle ne serait plus douleur brute et muette comme un mur, mais chemin escarpé et clair pour un plus haut avènement ; elle porterait son sens en elle-même et elle ne saurait faire peur qu'aux courages médiocres et déjà démissionnaires. Le mal de la douleur serait racheté par l'esprit qui pense la douleur.

***

Le discours idéaliste donnera par les mêmes méthodes un semblable visage rassurant au mal de la faute. La conscience de la faute ne serait-elle pas en effet remède unique et salut nécessaire ? L'esprit n'est-il pas la seule puissance capable au-dedans de délier et d'absoudre ? Et ici encore le thème initial ne paraît pas contestable : la faute n'est faute que si elle est avouée intérieurement dans la clarté de la conscience. Mais le discours idéaliste fait système de ce commencement d'intuition : il n'y a de faute, prononcera-t-il, que pour un coupable repentant, mais qui déjà n'est plus coupable puisqu'il se trouve, pensant sa faute, projeté au delà de sa faute. L'aveu à soi est pardon à soi. La parole qui parle et objective la faute déjà l'exorcise, fût-ce dans un dialogue secret. Imaginer un démon sachant qu'il fait le mal et non-pénitent malgré sa science d'esprit pur est, pour le discours idéaliste, mythologie monstrueuse et absurde. La connaissance du mal, défaite décisive pour le mal, empêcherait donc derechef que le mal ne fasse problème.

Du discours idéaliste procèdent alors un certain nombre de lieux communs moralisants : en faisant le mal, je me suis fait mal, je me suis diminué, particularisé, obscurci, matérialisé, et ce mal si justement déterminé dans la conscience de la faute, est surmontable par exercice, vue plus largement synthétique de la société et du monde, propos de subordonner le présent à l'avenir, le singulier à l'universel. Un projet de compensation éclaire alors la signification du mal moral : la leçon de la faute enseigne une vertu d'exigence pour soi et d'indulgence à autrui, qui est, pourquoi pas, toute une morale. Tel est le *felix culpa* sans mystère et sans mysticisme d'une exégèse banalement idéaliste de la faute.

Le discours idéaliste sur la douleur et le discours idéaliste sur la faute se rejoignent dans une même littérature bien pensante qui peut prendre tous les styles, laïc ou religieux, et qui compromet dans un apaisement prosaïque la position même du problème du mal : si l'esprit est toujours capable de changer le négatif du mal selon le positif d'un accomplissement humain, le mal désigne seulement alors cet ordre de résistances et de lourdeurs sans lesquelles il n'y aurait point de volonté vraie dans l'homme ; telle serait la loi de notre condition laborieuse ; la peine de la route, la pierre sur le chemin, les inévitables chutes ne peuvent être ôtées ; elles se confondent avec le mouvement de la marche, et elles trouvent leurs raisons d'être dans la clarté du terme et le bonheur du but.

Si l'art et le courage humains étaient capables de tirer à chaque fois le bien tant du mal de la douleur que du mal de la faute, le discours idéaliste se trouverait universellement valable et notre tâche serait terminée puisqu'il n'y aurait plus de problème métaphysique du mal, le mal étant si l'on peut oser dire soluble dans la pensée comme le sucre dans l'eau.

LES ÉPREUVES QUI FONT PROBLÈME : DU DISCOURS SUR LE MAL A L'ANGOISSE DU MAL

Le discours idéaliste ne vaut que dans des limites très déterminées au delà desquelles il ne saurait avoir qu'un cours forcé et frauduleux. Telles douleurs et telles fautes sont dépassables ou plus exactement médiatisables à force de technique et à grand renfort de courage comme on guérit d'une blessure, comme on répare une maladresse ; l'homme peut s'arracher cette épine de la chair et la laisser, dérisoire, derrière soi. Mais il est des maux qui sont irréparables à jamais : l'innocent avili et martyrisé à mort ; ou encore les multitudes humaines condamnées à la conscience crépusculaire qui est le lot de la servitude résignée, frustrées de la plénitude de l'existence, ombres larvaires dans les caves de l'histoire ; ou enfin les héroïsmes et les sagesses tournées en dérision par le train du monde ; elle est alors introuvable la technique utilitaire et morale de médiation qui ferait de ces maux les voies et les moyens d'un plus grand et vrai bien. A travers les maux non médiatisables apparaît la figure d'un Mal qui est comme l'absolu du malheur.

Il y a malheur et malheur. Lorsque Retz, prisonnier, à Vincennes de Mazarin et de la raison d'État, traite sa propre chute avec insolence et écrit que le malheur a toujours eu sur lui cet effet de le tenir plus éveillé le jour et de le faire mieux dormir la nuit, la belle et aristocratique formule exprime une bonne défense d'humour et d'honneur contre les inconstances de la fortune ; et on situerait assez bien cette sorte de stoïcisme au sommet de ce que nous appelions le discours idéaliste. Mais comment en tirer une philosophie générale du malheur ?

Cette attitude de mépris et de dépassement prouve qu'un homme peut être plus grand qu'un malheur relatif, en tirer clarté d'esprit et apaisement de nature. L'absolu du malheur nous propose d'autres vigiles et d'autres nocturnes ; et à l'inverse du malheur modéré trop bien apprivoisé par Retz il obscurcit la lumière du jour et rend les nuits lucides et cruelles.

Comme tout mal, l'absolu du malheur fait penser. Là est la vérité, qui demeure, du discours idéaliste. Mais le discours idéaliste se trompe sur le mal parce qu'il se trompe sur la pensée, qui n'est pas dépassement d'un donné vite assimilé à un autre donné aussitôt digéré, et ainsi de suite dans un mouvement indéfini qui n'aurait d'autre finalité que son propre exercice. La pseudo-idée de dépassement nous masque la véritable essence de la pensée qui est d'abord conscience, c'est-à-dire épreuve, rencontre, accueil ; penser c'est plus être saisi que saisir, si bien qu'au sens d'abord étymologique du mot, la conscience est passion. Aussi une douleur ou une faute pensées ne sont nullement une douleur ou une faute dépassées elles prennent seulement une dimension de profondeur, de réalité ou plutôt d'existence. Et lorsque la pensée, à mesure qu'elle creuse l'expérience, fait le mal plus opaque et plus insurmontable, lorsqu'elle est au-dedans de l'intolérable non par dépassement mais par aspiration impuissante au dépassement, elle ne cesse pas d'être pensée dans cette passion qu'elle éprouve, et elle prononce la faillite du discours idéaliste.

Au surplus le discours idéaliste n'envisageait qu'un sujet abstrait aux prises avec une douleur et une faute en général qui n'étaient que des faits psychologiques artificiellement séparés de leurs contextes concrets ; et du « psychologisme » à un moralisme formel et sans métaphysique, la conséquence paraissait bonne ; c'est au contraire à travers des situations existentielles et pour un homme total engagé dans le monde et dans l'histoire que le mal va faire problème et problème métaphysique. Il est temps que l'idéalisme du discours le cède au réalisme de la présence : trois expériences humaines fondamentales et constamment renouvelées vont constituer autant d'épreuves-limites dans lesquelles le mal ne sera plus ni médiatisé, ni peut-être médiatisable.

***

« Ni les parfums de l'Arabie... ni l'Océan du grand Neptune... » Il y a en effet de l'éternellement ineffaçable dans le mal. Que la persécution triomphe à grand éclat de l'innocence et des justes causes, ou que la bonne volonté privée ou publique finisse par s'enliser ou par succomber, cédant à la malchance des circonstances et à la perversité des exemples, le mal fait alors au réel une blessure que seule une pensée étourdie dirait cicatrisable. Les compensations sont ici hors de saison. Il importe peu, et la loi est bien loin d'être générale, que le tyran un instant triomphant se trouve un jour précipité, que l'injustice soit plus tard raturée de l'histoire, que les provocateurs au mal finissent par être réduits à l'impuissance ; il suffit que la méchanceté ait eu raison dans le fait une fois pour faire scandale, car jamais les choses ne pourront être remises exactement en place — comme dans la conclusion du *Livre de Job* trop consolante pour n'être pas suspecte lorsque le juste persécuté après avoir été dépouillé de tout, retrouve troupeaux abondants et famille nombreuse avec une parfaite exactitude arithmétique, tête de bétail pour tête de bétail, fille pour fille, garçon pour garçon. Dénouement postiche ou humour noir, car ce qui a été perdu est, lorsqu'il s'agit d'êtres humains et non de troupeaux, à jamais introuvable et irrécupérable en ce monde. Réparations et réhabilitations réduisent la justice à n'être que cérémonie et symbole. Le mal parce qu'il a été inscrit dans l'être condamne toute mémoire historique au remords ; il est dès lors le problème qui décourage d'avance toute solution.

Soit en effet une solution qui pourrait sembler à première vue exemplaire. Platon méditant sur l'injuste mort de Socrate, disciple fidèle entre les fidèles, se jurant de donner raison à son maître, peut bien mobiliser les ressources qui sont en lui d'art, de raison de mystique pour inventer ou découvrir un monde total plus vrai que l'univers visible et dans lequel au terme Socrate sera le juge de ses juges, il reste que le procès a consommé l'injustice, que la ciguë a été bue et que le souvenir d'Athènes est souillée de la tache ineffaçable. La philosophie platonicienne serait-elle vraie de bout en bout et nous révélerait-elle l'endroit du monde dont nous ne connaissions que l'envers, il reste que endroit et envers sont solidaires et forment une seule étoffe indéchirable comme la continuité de l'être. Allons jusqu'à une hypothèse impossible : Platon aurait-il converti les hommes et les cultures surgis après lui, Socrate aurait-il été dans l'histoire le dernier juste persécuté au point qu'il n'y ait eu ensuite ni bourreau ni victime, ni tyran ni esclave, ce qui a été perpétré une fois n'est pas aboli. Nul justement mieux que Platon ne nous a appris que penser c'est se ressouvenir de toutes choses dans une lumière d'éternité. Penser au mal qui a été dans mon histoire ou dans l'histoire c'est découvrir qu'il est devenu une insupportable vérité éternelle. Voilà pourquoi la pensée du mal ne peut être qu'angoisse et angoisse métaphysique, ou si l'on veut remords. Car avoir du remords c'est tout simplement penser au mal comme à une réalité.

Le remords n'est donc pas un ordinaire événement psychique, et c'est en vain que le discours idéaliste essaie de le convaincre d'illusion ou d'absurdité ; le remords est une forme *a priori* à la fois de la mémoire et de la conscience morale (« comme le souvenir est voisin du remords » dit admirablement Hugo pastichant par avance Baudelaire) ; le remords est plus éclairant que clair ce qui est le cas de toute structure d'esprit ; le remords est la conscience du crime ou plus exactement la conscience de l'irréparable dans le crime ; le remords a comme on dit aujourd'hui a une intentionnalité, mais, séparable de ce qu'il vise, il porte au delà du mal pour-nous vers le mal en-soi ; le remords est toujours infiniment proche d'un désespoir, et il désespère de ne pouvoir ôter l'inscription du mal dans la nature et dans l'histoire. Le propre du remords est son extraordinaire lucidité métaphysique : l'objectivité monstrueuse du mal qui lui est clairement révélée est le contraire d'une hallucination ; cette lêpre qui est survenue au réel n'est pas la projection d'une psychologie morbide ; elle a été, donc elle est ; le remords est la perception aiguë d'un absolu dans le mal ; la conscience ne peut connaître le crime commis par d'autres sans participer à l'illumination du remords, si bien qu'un seul crime suffirait pour interrompre l'innocence de toutes les consciences présentes et à venir. Le mal fait le monde coupable et dès lors nous sommes tous coupables d'être au monde.

Hegel, si animé contre le prophétisme biblique, dénonçait dans les lamentations sur « la prospérité des méchants » le pharisaïsme de la « belle âme ». C'était philosopher contre la conscience morale. Les vieux prophètes d'Israël savaient eux, par génie ou inspiration, où se trouve le scandale du mal, dans sa réalité même quelles que soient les causes ou les conditions, les suites ou les conséquences. L'angoisse est alors savoir du mal, et qui sait de science que tout crime a réussi dès lors qu'il est accompli, que tout crime au fond est impuni parce qu'il est métaphysiquement sans intérêt que le crime conduise le criminel au gibet ou sur le trône, car ce qui était dû en toute justice au crime comme au non-sens c'était de ne pas être ; et cette justice a manqué une fois et donc pour toujours. Le bonheur des méchants, l'expression fait pléonasme, il n'y a que des méchants heureux puisqu'ils ont réussi à introduire la méchanceté dans le monde. Telle est dans et par l'angoisse la première expérience d'un mal que nous disions non-médiatisable.

***

Le mal n'est pas seulement cet absolu qui fait scandale parce qu'il participe à l'être, et qu'il partage l'agressivité, l'insolence, l'indubitabilité de tout réel ; le mal se montre aussi au dedans même du bien, qui ne cesse de se fragmenter en biens différents, rivaux, ennemis — au point que c'est aussi une figure insoutenable du mal que cette contradiction qui divise le bien contre le bien. Telle est la deuxième expérience de mal non-médiatisable.

Expérience courante et brutale puisqu'elle est celle du conflit, qu'il n'est pas de diversité entre les hommes qui ne soit génératrice de conflit, et qu'il n'est pas de conflit qui ne mette aux prises à la fois les hommes et les valeurs. Les vieux poètes grecs avaient philosophiquement raison de mêler l'Olympe aux aventures historiques et politiques des peuples, puisque la guerre des hommes est en même temps guerre des dieux, c'est-à-dire partage des valeurs, déchirement de l'esprit et si l'on peut anticiper sur la suite de l'analyse, mort de Dieu. Homère mobilisant la moitié de ses dieux du côté de l'ennemi troyen va plus profond dans l'intelligence du conflit que les modernes seigneurs de la guerre ou de la révolution également totales et qui proclament dans un langage faussement positif « Dieu avec nous » ou « l'histoire avec nous ». La mythologie peut d'aventure être moins menteuse que l'idéologie : celle-ci élude le problème du mal par le moyen de la diversion fanatique ou de la mystification politique ; celle-là à travers le clair-obscur du symbole le rencontre dans sa réalité dramatique.

La guerre est l'occasion privilégiée de donner substance et vigueur au problème du mal non seulement parce que une fois engagée, elle laisse au plus injuste une chance de triompher, ce qui nous renvoie à notre première figure du mal, mais plus encore parce que la guerre introduit une brisure à l'intérieur même du Bien. Tout combattant quel que soit son camp se bat à la fois pour et contre la justice, et il n'est au pouvoir d'aucune sagesse politique de dénouer l'antinomie. Sans doute, il faut congédier les discours académiques et héroïques, fabriqués pour endormir l'angoisse : les belliqueux et les révolutionnaires disent que la mort à la guerre est absurde s'il s'agit de la mort de l'ennemi, ou surabondante de sens et de gloire s'il s'agit de la mort de l'ami ; de fait la parole idéologique et fanatique couvre une réalité cruellement dialectique : à la guerre, on ne meurt jamais pour rien, car il n'est pas de cause qui n'ait un droit à l'existence et au rayonnement ; une barbarie, si elle se bat et parce qu'elle se bat, n'est pas sans culture, pour reprendre un thème hégélien, et prouve par-là même qu'elle a droit à un avenir historique ; l'agresseur le plus cynique, le défenseur le plus obtus de privilèges impossibles, s'ils se battent et puisqu'ils se battent, ne sont pas sans vertu ni sans honneur ; et pourtant à la guerre, on meurt toujours pour rien, puisqu'aucune cause humaine ne peut sans mentir confondre ses valeurs toujours relatives, ambiguës, précaires avec l'absolu du Bien — et seul l'Absolu pourrait justifier ou plus exactement absoudre un sacrifice absolu.

Incertitude tragique, que la guerre porte à son comble, mais qui est déjà la vérité, énigmatique et éprouvante, de tout conflit ; la guerre apparaît au delà de la guerre, elle est guerre des valeurs partout où l'homme affronte et contredit l'homme, et la bataille charnelle est toujours en même temps antinomie pour l'esprit. C'est pourquoi la guerre est aussi facile à faire que difficile à comprendre. Car il n'est pas d'action qui ne participe à la faute, et celle-là même qui dans la générosité et le courage désigne et combat le mal. Se résigner eût été être complice, c'est-à-dire faillir, mais se lever, condamner, se battre c'est faire un bruit à réveiller le diable, chercher, pour vaincre, les collaborations de la convoitise et de l'orgueil, et c'est encore faillir. La loi vaut encore sur les plus hautes crêtes de ce qu'on appelle l'héroïsme moral : le pionnier du progrès qui arrache à sa naïveté naturelle et à son immobilisme culturel un peuple longtemps ensommeillé et désormais voué aux fièvres de l'esprit et aux agitations de la liberté ; ou le prophète d'une nouvelle et plus divine loi, rejeté par une cité indocile, et « ils seraient sans péché » ceux auxquels il a été envoyé, s'il ne leur avait pas parlé car les voici rejetés au pire pour avoir refusé le meilleur ; autant d'exemples pour montrer que le bien, dès qu'il est conquérant, missionnaire, dès qu'il descend des morales des moralistes dans l'histoire des hommes, voici qu'il donne au mal des chances supplémentaires : ainsi Socrate ou Jeanne d'Arc devenant l'occasion d'un crime pour la démocratie athénienne ou la chrétienté médiévale.

Ces cas ne sont d'exception que par la qualité rare ou unique des protagonistes, ils rendent seulement plus visible la dialectique de toute action humaine, qui parce qu'elle est déterminée, limitée est négatrice de quelque valeur et ne peut pas ne pas subir la passion de la faute, ne serait-ce, à une limite d'ailleurs idéale, que par omission. Même l'action juste est injuste par quelque biais et il y aurait pharisaïsme à ne le point reconnaître et à vouloir pratiquer dans toute sa rigueur la maxime platonicienne selon laquelle l'injustice est l'absolu du mal, souverainement haïssable, on se lierait du même coup langue, bras et jambes, car il est impossible de s'engager, de faire, de créer sans commettre cette injustice de négliger, d'humilier, de compromettre, ou de rejeter quelque valeur positive, comme le pied sur le sentier écrase à chaque foulée des vies innocentes qui ne méritaient pas de disparaître.

Par ce nouveau cheminement se trouve vérifiée la présence du remords à la conscience morale comme catégorie fondamentale ; la découverte du partage des valeurs, non pas vue théoriquement, mais consommée pratiquement par l'action est connue dans la lucidité du remords. Le devoir qu'il demande la patience, le témoignage, la révolte, exclut comme pharisienne la bonne conscience et refuse de se construire quelque pieuse mystification idéaliste. Conscience et remords font ensemble cette claire nuit de l'angoisse qui dévisage la vérité du mal et dont la vocation est d'être sans peur, car elle devrait si elle était pure arriver à supporter l'insupportable, tout à l'heure cette inscription indélébile du mal dans l'être, et maintenant ce surgissement du mal au cœur même du bien, cette division du bien en valeurs contradictoires, ou si l'on veut cette passion que subit le bien lorsqu'il est douloureusement, laborieusement pris au sérieux par les hommes.

***

La troisième et dernière expérience d'une situation-limite qui serait un malheur absolu est celle de la mort, et de la mort humaine laquelle est tout autre chose qu'un ordinaire phénomène biologique. L'angoisse devant la mort est d'esprit et elle ne saurait se confondre avec la peur égoïste ou au moins égocentrique de perdre être et bien-être. La pensée de la mort devient angoisse parce qu'elle voit se dérober à la fois le comment et le pourquoi, ce qui fait une double carence d'intelligibilité ; qu'un ressort brisé, qu'un accident survenu à une mécanique puissent anéantir l'esprit, l'esprit ne le peut comprendre ; l'homogénéité se trouve rompue entre les causes et les effets ; si le comment ne se laisse point saisir, la recherche du pourquoi n'aboutit qu'à des significations cyniques dans lesquelles l'esprit rencontre peut-être le génie du monde ou de la vie biologique, mais ne se reconnaît pas lui-même. Par la mort, le non-sens et l'immoralité deviennent structures d'univers.

Déjà lorsque l'instinct de conservation est contredit par la représentation de la mort, l'épouvante mi-biologique, mi-psychique qui le saisit fait prendre conscience à l'homme d'une condition qui le situe en dehors de la nature au moment même où il en subit les lois. Parce qu'il sait qu'il doit mourir, l'homme ne saurait se considérer comme un être pleinement naturel : car comment pourrait-il se dire naturel, cet existant mortel, sans cesse mourant et sans cesse niant sa mort, s'il est à ce point en contradiction avec la nature des choses ? Si bien qu'une authentique angoisse se mêle toujours aux formes en apparence les plus sordides et les plus lâches de la peur devant la mort. Mais l'angoisse en se purifiant, en rompant avec l'instinct, en devenant transparente à elle-même, se fait de plus en plus épreuve métaphysique.

Les théories de dualisme humain, les doctrines qui opposent et lient dans l'homme une âme et un corps, sont ici indifférentes et d'autant plus qu'elles ont été souvent construites ou plutôt machinées pour servir de divertissement à l'angoisse de la mort et du mal. Ce qui est écrasé ou s'efface, lorsqu'un homme meurt, peut recevoir des noms multiples et être traduit en concepts diversement figurés : forme d'une matière désormais abandonnée à son processus de dégradation, comme disaient quelques anciens ; âme séparant sa destinée sacrée d'un corps rendu à l'insignifiance profane du monde, comme l'avancent les religions ; ou enfin selon le langage de certains modernes, une puissance créatrice de culture, animant par le dedans et rendant signifiante une nature d'elle-même inexpressive et renvoyée à la fin à son non-sens fondamental. Toutes ces métaphysiques n'ont ici d'intérêt que secondaire et elles ne sont philosophiques qu'indirectement dans la mesure où elles nous obligeraient à confesser chacune dans sa langue que par la mort de l'homme la déraison sort d'un ordre rationnel : la mort, une fleur monstrueuse épanouie au sommet d'une végétation raisonnable, car ce rythme de croissance et de déclin, d'association et de dissociation, bref d'amour et de mort fait de la nature vivante un ordre objectif de sagesse qui enveloppe l'homme et explique suffisamment une mort utile à l'espèce et aux destins ultérieurs de la vie ; accomplissant une plus vaste vérité biologique, la mort de l'homme est pleinement raisonnable ; mais la voici qui devient d'un coup totalement injustifiable ; car une conscience c'est-à-dire le plus précieux de l'être universel, la lumière ou la flamme grâce à laquelle toute valeur est reconnue ou créée dans notre monde se trouve vouée à la destruction et irréparablement s'il n'y a pas d'autres nécessités que biologiques et cosmologiques. La sagesse d'un monde en ordre ne se dément certes pas, elle se confirme jusqu'à la fine pointe de la vie par le mort de ce vivant qu'est l'homme, mais cette sagesse devient tout d'un coup folie, et c'est ce passage de la raison à la déraison qui est l'objet propre de l'angoisse.

Tout se passe en effet comme si notre univers « machine à faire des dieux », organisme générateur de conscience, se donnait à lui-même un démenti, bafouait dans un accès d'ironie sinistre ce qu'il a produit de meilleur : l'esprit. Le génie de ce monde paraît professer un absurde dilettantisme ou plus affreusement pratiquer la vengeance et il est semblable à un artiste qui, inspiré malgré lui, briserait sa propre œuvre, dont la grandeur imprévue humilierait la bassesse de ses pensées quotidiennes, et qui au surplus recommencerait indéfiniment ce jeu cruel du reniement et de la haine de soi.

En dévoilant le mal de la mort, l'angoisse convainc la nature d'immoralité — et d'une triple immoralité qui pourrait s'appeler mensonge, ingratitude, cruauté. La nature ment au vivant en lui donnant à chaque instant cette sorte de sécurité éternelle que sont l'immobilité et l'infini de l'instant, ruiné pourtant au-dedans par la nécessité de la mort, ou plutôt elle ne ment qu'à l'homme, seul vivant capable d'être dupé par la fausse plénitude du présent. La nature pratique l'ingratitude puisque les vertus et les vices, la sottise et le génie sont soumis pareillement à la fatalité égalitaire et niveleuse de la mort, puisque surtout la « machine à faire des dieux » sert aussi à les défaire ne cessant de détruire de l'esprit, couchant et humiliant sans fatigue et sans repos cette flamme qui lui donne honneur et valeur. Enfin parce que la mort est un des principaux ressorts de sa mécanique d'épuration et de ventilation, la nature exerce une cruauté contre elle-même et contre le genre humain ; par la mort le monde affirme que même ce qui vaut le plus ne mérite pas d'être ; voudrait-on de toute force tempérer l'iniquité en faisant de la mort la punition de notre connivence avec le mal, l'injustice ne serait pas réduite puisque le plus grand criminel ne coïncide jamais complètement avec son crime, ne peut jamais abolir complètement ce qu'il y avait en lui d'originellement pur, puisque à cause des possibilités secrètes qui demeurent en chacun, le vieillard le plus chargé de travaux et de jours a gardé en lui des enfances intactes et inemployées, si bien qu'il ne meurt que des innocents et des enfants. Telle apparaît à qui ose la regarder en face la suprême injustice de notre univers.

La fameuse boutade : tuez un homme et vous serez un abominable assassin promis à la potence, tuez en des multitudes dans la célébration de ces fêtes rituelles qu'on appelle les guerres, vous serez un héros de l'histoire et on vous élèvera des statues, tuez-les tous, vous êtes Dieu, et on vous dressera des autels, cette flèche d'humour noir atteint sa vraie cible si Dieu est ici le nom de la nature, de l' « être mondain » auquel appartient visiblement l'aventure humaine. L'immoralité sous toutes ses formes mensonge, ingratitude, cruauté a le droit d'invoquer l'exemple antérieur de la nature, et même si elle va jusqu'à l'homicide. Il y a toujours un péché avant le premier péché, et l'ange s'est changé en diable avant qu'Adam ne devienne homme pécheur. Telle est la vaste tentation, la grande contradiction que l'esprit trouve dans la nature. Faisant de l'homicide le crime par excellence, l'homme invente la morale en refusant d'imiter la nature, d'être l'exécuteur de ses condamnations ; bref, avoir une conscience morale c'est courir le risque métaphysique ou religieux de ne pas prendre modèle pour sa conduite sur les mœurs de cet univers, à chaque moment homicide.

La conscience d'appartenir à une communauté qui pratique l'injustice et la violence, église intolérante, nation impérialiste, classe ou bureaucratie vivant de l'exploitation, ne peut pas aller sans remords, si l'esprit écarte les mystifications coutumières. Or nous faisons partie d'un univers dont les grandes lois ne vont pas, disions-nous, sans mensonge, ingratitude et cruauté ; de cet univers nous tirons ressources matérielles, élan vital ; nous sommes ses complices, et la conscience d'une complicité s'appelle remords, cet autre nom de l'angoisse. Une fois de plus le remords cesse d'être un simple phénomène psychologique ; il est catégorie morale et cosmologique, conscience d'univers.

L'angoisse devant la mort, si elle est poussée jusqu'au bout de sa logique, met en question la condition de l'homme dans le monde. Quelques philosophes ont fait de la mort de l'être aimé une expérience métaphysique fondamentale, datant de ce moment la révélation de l'angoisse. Mais l'amour n'étant qu'ouverture et attention à l'existence d'autrui, la mort de l'être aimé n'a d'autre portée que de vaincre définitivement cet oubli de la mort qui permet à l'homme de vivre dans une fausse sécurité à l'abri de l'angoisse. Penser la mort c'est nier l'univers et être nié par l'univers. Angoisse de la mort et angoisse du mal c'est tout un. En se heurtant à la mort, l'homme découvre que l'univers le traite comme un individu biologique, comme de la vie à l'état d'insignifiance parcellaire, alors que, il le sait de science intime, l'homme est une personne singulière et irremplaçable. Lorsqu'il a parlé de « l'avare silence et de la massive nuit » de la mort, le poète a pu signifier que la mort dénude l'avarice et l'opacité d'un monde dont le dernier mot serait alors le cynisme et l'absurdité, c'est-à-dire l'absence de Dieu. La mort n'est angoisse que parce qu'elle est provocation à l'athéisme. Et la peur est digne de l'homme si elle craint que Dieu ne soit pas.

DE LA VANITÉ DE QUELQUES DISTINCTIONS CONCEPTUELLES

Les analyses précédentes congédient, évidemment les distinctions, dont dès le départ nous soupçonnions la vanité, entre mal physique ou douleur, mal moral ou faute, mal métaphysique ou finitude de l'existant. Les figures de l'absolu du mal que nous avons décrites et distinguées montrent inextricablement mêlés ensemble mal physique, mal moral, mal métaphysique et particulièrement la mort qui les résume toutes.

Cette angoisse qui est remords, ce remords qui est angoisse ne peuvent être contenues en des expériences limitées et délimitées ; surgissant ici ou là, elles seront vite partout ; aussi, autre distinction suspecte d'artifice, la différence faite plus haut entre le mal médiatisable, douleur ou faute, et le mal non médiatisable, malheur ou crime, ne peut être tenue complètement jusqu'au bout, elle n'est vraie qu'abstraitement et suivant une première approximation.

L'expérience de la douleur relative et de la faute vénielle, pour lesquelles la recherche du sens aboutit, nous trompe cruellement en nous poussant à croire universellement généralisable un bon usage du mal, et le vrai nom d'un espoir fallacieux est désespoir. De proche en proche, la douleur absolue contamine la douleur relative et la faute inexpiable le péché réparable, car entre l'une et l'autre région s'étendent des contrées équivoques où l'espoir du sens se mêle à l'effroi du non-sens ; comment savoir si le dépassement de la douleur dans la résignation est sérénité pacifiée ou stupeur sans esprit ? Comment décider si ce repentir est renouvellement spirituel ou comédie pharisienne ? Même là où douleur et faute sont clairement médiatisables, la souffrance garde encore quelque chose d'opaque, montre toujours de sombres fantaisies, si bien que son irrationalité n'est soumise à la raison que par une sorte de contrainte et de violence, facile à apercevoir dans les raideurs stoïciennes, et la faute même compensée, même éclairée à force de bonnes œuvres et de bonnes résolutions, garde des parties non visitées par la lumière, elle a détruit au passage du bien et du vrai, et n'eût-elle été qu'oubli et omission, en elle commence le scandale du mal ; le diable et son train hantent déjà nos vices véniels, frivolités et paresses. Nos victoires sur le mal sont toujours comme mutilées et de peu de joie, et les morales qui nous prêchent maîtrise et vigilance ne sont jamais exempte d'amertume, de raideur, voire d'artifice. Le mal se fait sentir au-dedans de la loi qui comme dirait un pascalien exige « en tyran, non en roi ». Ainsi la même universelle angoisse enveloppe toutes les douleurs, les absolues et les relatives, toutes les fautes, les vénielles et les mortelles.

C'est que le mal de la mort peut être soupçonné au-dedans de la douleur et de la faute. Certes souffrir c'est encore vivre ; entre la vie et la mort il y a l'absolu incontestable mais peu pensable d'une discontinuité radicale, et cependant la souffrance a dans la mort sa fin, dans les deux sens du mot, terme et raison dernière. La vie souffrante manifeste une vitalité blessée au-dedans ; le coup peut n'être pas mortel, mais je suis blessé parce que je suis mortel ; par la douleur un manque ou une malveillance étrangère s'introduisent au cœur de mon être, y deviennent négation insupportable ; le paradoxe de la douleur c'est que par elle le néant et l'extérieur se changent en leurs contraires, réalité et intimité, métamorphoses monstrueuses et qui supposent la complicité de la mort — cette mort que recèle toute vie comme un destin de moins en moins caché. Par la souffrance l'esprit s'exalte et se défait sous l'interpellation de la mort. Le *Cogito* de la souffrance — « je souffre, donc je suis, je pense mon existence sur le rebord du néant » — est le *Cogito* le plus humain, le plus dialectique aussi, car il entrelace le oui et le non, car il unit la logique et le drame, car il est à la fois pensée et passion.

La faute pareillement est de connivence avec la mort. Vénielle, elle essaie de se jouer de la mort en cherchant un plaisir de l'instant qui se donne la comédie de l'éternité, « moyen de narguer la mort » comme dit Bergson, mais par ruse et comme de biais. La faute alors n'est que divertissement. Mais que la faute ait son principe dans la haine, elle peut être dite mortelle, car elle ne joue pas avec la mort, elle joue le jeu même de la mort. Haïr ce n'est pas détester une forme de pensée ou de conduite, c'est viser un être par le moyen de ses manières d'être, faire de l'attitude ou de l'acte odieux la vérité dernière, l'essence complètement déterminée de l'ennemi, suivant la pratique des justices sociales qui identifiant le criminel à son crime le livrent ensuite au bourreau en toute sécurité morale. La haine nie d'abord la liberté de l'être abhorré, la change en destin, transformant le sujet en objet, comme fait la mort. Ensuite d'une façon moins symbolique et plus réaliste, la haine conteste à l'être haï son droit à l'existence, et de proche en proche elle s'en prend au monde entier et au principe du monde qui permettent cette intolérable existence. Mais en même temps la haine approuve le monde d'être ce champ clos, cette nature athée où triomphe la mort. Toute haine est à la limite haine de Dieu, poursuit la mort de Dieu. Le nihilisme est la métaphysique de la haine.

Exposés à chaque instant au mal, c'est-à-dire à la douleur et à la faute, nous sommes investis par la mort ; de cette situation notre corps, en tant que chair, et non en tant que chose ou objet du monde, est à la fois la réalité et le symbole ; par le corps charnel nous avons mal et nous faisons le mal, autant de signes prophétiques de la mort ; les larmes et le sang de la souffrance, le bruit et la fureur du péché se rejoignent pour descendre ensemble vers la même calme ironie ; il est une philosophie voilée au cœur de la souffrance comme au secret de la faute : l'une sait la mort, l'autre veut la mort, comme la pente d'un fleuve sait et veut, là-bas et inéluctable, la mer.

LA PENSÉE ET LA PASSION

L'esprit qui tente de penser le mal est donc soumis à une épreuve de disjonction et d'écartèlement, condamné à une voie dialectique, faite de jugements contraires, faux chacun séparément mais vrais dans leur tension. La pensée qui pense le mal est devenue passion. L'angoisse que nous achevons de décrire est passion et passion de l'esprit.

En parlant de passion, on use d'un des mots à la fois les plus clairs et les plus obscurs de la langue aussi bien commune que littéraire et philosophique, et on se propose de prendre l'idée dans toute son ampleur et toute sa rigueur. La passion, en deçà et au delà de tout jugement éthique, est une épreuve subie nécessairement dans un destin qui se confond avec la condition humaine. La passion introduit au-dedans de l'homme un mélange équivoque d'exaltation et de détresse, d'aveuglement et d'énigmatique lumière, dans le sens que les Allemands ont souvent donné au « pathos » des Grecs ; il nous semble que la pensée qui médite sur le problème du mal doit se faire passion pour échapper à la rhétorique et au bavardage ; la méthode peut être généralisée et elle vaut pour toutes les situations-limites qui font la condition humaine. Tenter de penser l'homme concret c'est être également attentif à des vérités discordantes mais irrécusables, dont il faut supporter et approfondir les contrariétés sans toujours apercevoir le lien synthétique qui de leur dissonance même ferait une plus vraie harmonie : ainsi pour prendre un exemple parent de notre sujet, la douleur de mon corps me montre combien j'existe dans une objectivité vulnérable offerte à l'hostilité du monde, et de l'autre côté combien ce corps est ma substance, participe à mon intimité secrète ; je ne me savais pas à la fois si projeté au dehors, si rejeté au-dedans ; la pensée de la douleur me découvre une tension insurmontable de mon intériorité et de mon extériorité pourtant inséparables ; la manière dont je me trouve partagé entre la nature et l'esprit rend obscure jusqu'à l'énigme l'unité de ma personne. C'est dire que j'éprouve la passion de l'existence dans une âme et dans un corps. Et la réflexion sur le problème de l'âme et du corps, sera pensée d'une passion et mieux passion d'une passion.

La formule vaut pour le problème du mal. Le mal, douleur ou faute est passion, et la réflexion sur le mal devra être passion d'une passion. C'est à nouveau définir l'angoisse. La pensée qui contemple face à face le problème du mal est captive de sa propre interrogation, elle se perd dans sa passion sans perdre sa passion pour reprendre et transposer un mot de Kierkegaard ; elle cherche inlassablement explication et sens, compensation et absolution et elle se heurte à une sorte de mur bâti de silence et de non-sens. L'angoisse, passion de la passion, prend à tâche de fatiguer le ciel et la terre, comme si la terre et le ciel, qu'ils contiennent l'infinité de Dieu ou l'immensité du néant n'étaient pas, exactement, infatigables. Mais la passion est une folie à laquelle l'esprit ne peut pas s'empêcher de céder ; mais la passion peut avoir raison contre la raison.

Ainsi se trouve dans et par l'angoisse posé le problème du mal. Car l'angoisse ne fait pas s'évanouir le problème pour nous faire participer à un mystère. Elle vit au contraire du problème toujours planté et dressé. La distinction du problème et du mystère qu'a avancée Gabriel Marcel et dont il a usé précisément pour la question du mal est une commodité qui ne vaut que si on donne à l'idée de problème un sens mineur et assez peu philosophique. Car il serait un métaphysicien sans métaphysique le prétendu penseur qui s'interrogerait du dehors sur les malfaçons d'un monde dont par un privilège exorbitant il se serait retiré lui-même et qui poursuivrait sa réflexion à la manière d'un ingénieur discutant une machine dont le fonctionnement laisserait à désirer : cet univers ou cette machine sont-ils réparables ? faut-il mettre en cause l'usure et la mauvaise qualité de la matière, les maladresses des usagers, l'inattention du constructeur ? En dénonçant dans cette manière de le poser une inintelligence du problème, Gabriel Marcel a avancé de l'irréfutable. Mais pourquoi congédier du même coup l'idée même de problème ? Il est vrai que l'homme pensant ne peut considérer le mal de l'extérieur, qu'il participe à la souffrance et à la faute sans pouvoir les ôter de son cœur de chair pour les considérer sereinement comme on regarde, inoffensive, l'épine qu'on s'est arrachée de la main. Mais il y a problème parce que l'angoisse qui assume le mal est tout entière pensée comme elle est tout entière passion, parce qu'elle sait où se trouve le mal du mal, parce qu'elle ne cesse d'opposer à l'expérience du non-sens l'exigence, idéale, d'un sens libérateur, tout en contestant les faux sens et les contresens qui usurpent dans l'expérience la place du sens. Le problème est peut-être insoluble et cette possibilité fait l'angoisse de l'angoisse mais il ne peut être récusé en tant que problème.

La solution trouvée et possédée serait la fin de l'angoisse. Une sagesse traditionnelle a toujours professé que se faire une idée claire et distincte de la passion c'était se délivrer de la passion. Spinoza n'a fait que mettre en formule ce thème très antique. L'angoisse du mal est passion. La raison métaphysique, comme pensée totale, peut-elle prendre le relais du discours idéaliste, ramener l'angoisse à une pensée partielle et confuse et dissoudre son égarement dans la vision d'un ordre universel ? Mais le débat n'est pas seulement entre la raison et la passion et avant d'arriver à ce carrefour central, il nous faudra d'abord dénouer un autre nœud. L'angoisse peut se dissimuler à elle-même et trouver un apaisement illusoire dans des mythologies qui se proposent comme des religions. L'apparence belle et mystificatrice du mythe risque d'interrompre et d'endormir la méditation métaphysique. La question est désormais de savoir si l'angoisse du mal est capable de résister aux mythologies qui la trompent et l'exténueraient sous prétexte de l'élever et de la sublimer à la manière d'un art, ennemi de la passion qu'il prétend purifier, de résister aussi à la raison qui engage avec elle la lutte à mort de la sagesse contre la passion.

Si la belle ruse du mythe pouvait être démasquée, si la raison des rationalismes n'apportait au problème qu'une solution d'esthétique et un apaisement d'apparence et de symbole, bref si l'angoisse du mal était irréductible à toutes les tentatives de diversion, de réduction, de métamorphose, il resterait à creuser à approfondir, à exaspérer l'angoisse, à faire confiance à la pensée qu'elle porte et à la lumière qu'elle n'est pas incapable de projeter sur l'homme, le monde et Dieu. Tel serait le chemin de la dernière chance.

CHAPITRE II

Les fausses confidences du mythe

DU MYTHE EN GÉNÉRAL

Que l'angoisse du mal soit à l'origine de la fonction fabulatrice, comme Bergson a nommé la puissance de l'esprit créatrice de mythes, l'hypothèse n'est pas invraisemblable. Elle paraît rendre compte en effet, on espère le montrer, du style et du contenu des mythologies.

Le mythe est un récit qui mêle dans la même représentation imaginative une histoire de dieux, de demi-dieux, de héros, et remonte à une sorte de temps primitif, archaïque, à un temps originaire avant le temps ; le mythe se rencontre dans toutes les cultures révélant ainsi un état imaginatif, nocturne mais peut-être faussement naïf de la pensée. Mythe exemplaire ce récit de l'ancienne Égypte qui raconte comment le monde est né, de la larme d'un dieu.

La philosophie contemporaine réhabilite volontiers le mythe. Réaction heureuse contre un positivisme plat qui voyait dans la prolifération des mythes une maladie de jeunesse de l'humanité, la fable évidemment dépourvue de tout sérieux étant aussi négligeable et vaine qu'un rêve d'enfant. On sait de mieux en mieux aujourd'hui que le mythe ne peut être rejeté hors de la pensée ; œuvre de l'homme, le mythe doit nous éclairer sur l'homme et dans la mesure où la philosophie est de plus en plus une anthropologie, un discours sur l'homme, comme on le voit dans nos phénoménologies et nos existentialismes, elle ne peut pas se passer d'une doctrine du mythe.

Si le mythe est incontestablement de la pensée, cette pensée est de la pensée confuse et d'une confusion sans doute irréductible à la clarté : le superstitieux et le magique s'y mêlent au religieux, l'esthétique au philosophique : par delà le déroulement du récit, la série des apparences liées comme par une étiquette un cortège de cour, se devine un tumulte de passions dont on ne sait si elles appartiennent à la chair ou à l'esprit ; et tous ces aspects inséparables les uns des autres, indébrouillables en fait et en droit, mettent en échec notre entendement qui cherchant la clarté dans la distinction ne comprend que par séparation et opposition. Si l'entendement est toute la faculté de comprendre, il y a de l'incompréhensible dans tout mythe, et par exemple premier défi à notre intelligence analytique, ce mélange d'horreur et de sérénité que le mythe rayonne comme une lumière aveuglante et qui fait sa principale ambiguïté.

Aussi plutôt qu'une doctrine du mythe rencontre-t-on couramment un grand nombre de théories de la mythologie qui se contredisent les unes les autres, ont chacune leur vraisemblance et même leur nécessité mais qui, chacune prise à part ni toutes rassemblées, ne sauraient coïncider avec la vérité du mythe.

On peut en effet ne voir dans le mythe qu'une image superficielle, tenir qu'il est absolue apparence sans profondeur, ou qu'il y a dans le mythe un symbolisme caché, que le sens du mythe n'est pas dans le récit, mais dans un au delà mystérieux du récit. On peut avancer que le mythe est gratuit, qu'il ressemble au caprice désintéressé d'une pensée qui sans raison se mettrait à danser au lieu de marcher, mais aussi que le mythe répond à une nécessité vitale, comme la fable selon Bergson, principe imaginaire d'une espérance sans laquelle l'humanité aurait succombé à l'insupportable lucidité de l'intelligence qui prévoit l'échec et la mort. Tantôt donc le mythe ne veut rien dire, et il ne sert à rien, tantôt il cache quelque secret des secrets et il est cette nourriture d'images rassasiantes sans laquelle l'homme mourrait, nourriture aussi indispensable que le pain.

Question sociologiquement classique : la mythologie se réduit-elle à un effort second pour expliquer imaginairement quelque rite dont la signification initiale aurait été perdue par la trop courte mémoire des hommes ? Ou encore mythes et rites seraient-ils liés indivisiblement dans une même liturgie, le récit étant alors non pas seulement parlé, mais joué et vécu dans cette sorte de langage total qu'est la fête sacrée ? Que la cérémonie explique le mythe ou le mythe la cérémonie, il y a toujours rapport de l'un à l'autre ; aussi un mythe est-il susceptible d'interprétations sociologiques valables. Les mythologies sont diverses comme les cultures, et elles expriment la variété des génies populaires ; peut-être même les dieux dont elles racontent les histoires, le divin dont elles évoquent la puissance démesurée ne sont-ils qu'une transposition de l'autorité de la société elle-même, force unique, constante jusqu'à l'obstination et à la nécessité, invincible à toute révolte ; l'univers des figures mythiques, indéfini, plastique, contingent, ne serait alors qu'un scintillement bigarré sur la même et monotone profondeur. Cependant les similitudes qui apparaissent entre les mythologies les font apparaître aussi plus indépendantes des temps, des lieux et des cités ; elles révèlent certaines formes de pensée où il entre du jeu, de l'espoir, de l'ironie, comme si les mythes étaient aussi pour l'homme un moyen de se divertir de la pression du social et comme si quelque protestation éternellement renaissante, mais masquée, se libérait dans la constance de nos songes collectifs.

Un discours sur le mythe quel qu'il soit a donc sa chance d'être vrai. Et c'est ainsi que le mythe garde bien son secret, non pas comme on dissimule un trésor dans la terre, mais en l'exposant au grand jour sous la forme protéenne de cent vérités contradictoires dans une dialectique irréductible à la pensée analytique, de telle manière qu'expliquer le mythe par la banalité éprouvée de telle théorie serait à la fois en rendre compte et le trahir. Tel est dans l'histoire de l'imagination le mythe de l'Éternel féminin, si explicable ici selon des érotiques, là selon des mystiques, de Gœthe à Claudel, et dont le mystère en pleine lumière ne peut être violé ni par la brutalité des unes ni par la subtilité des autres. Le mythe s'offre à qui veut le prendre, facile, comme on le dit d'une femme, mais aussi foncièrement inaccessible. Nos philosophies y trouvent sans se fatiguer le noir comme le blanc : du mythe, un Valéry tire une leçon de scepticisme universel : *Mythe*, écrit-il, *est le nom de tout ce qui n'existe et ne subsiste qu'ayant la parole pour cause.* Le mythe c'est l'erreur ou l'illusion, mais bien habillées, et il faut alors confesser que tout est mythe c'est-à-dire vanité ; Alain connaît par leur nom toutes les passions et toutes les pensées qui se sont faites mythes pour grimacer et pour séduire. Chez Valéry comme chez Alain le mythe s'est laissé capturer et réduire en esclavage. Nos deux esprits forts vident le sac jusqu'au fond et la pêche sans miracle des monstres et des dieux se montre tout entière étalée sur la plage. Il n'y manque que l'ampleur de la mer et du ciel.

Le théologien sera comme le libre-penseur victime de son habileté à enrôler ou de sa pente à ramener à soi, car il ne manquera pas de surprendre dans le mythe les formes balbutiantes et naïves d'un mystère religieux à peine effleuré — ainsi Simone Weil s'était juré de lire une anticipation chrétienne dans les plus beaux moments de la mythologie hellénique. Ici encore le mythe se laisse faire et ne résiste pas à qui le pille à merci. Le mot de Plutarque : *celui qui connaîtrait les mythes saurait toutes choses* est vrai d'une vérité d'abord ironique. Tout est dans les mythes, les débris méconnaissables ou reconnaissables d'une révélation primitive comme le pressentiment d'une pensée rationaliste à venir, toute la piété et toute l'impiété dont l'homme est capable. Énigme toujours forcée et qui défend bien son mystère.

Une doctrine du mythe ne devrait donc nourrir aucune ambition théorique ou interprétative, ne pas chercher à le capturer ou à le réduire, comme un chasseur s'empare d'une proie ; elle se contenterait de le dévisager naïvement, de le regarder en face et de le décrire tel qu'il est dans sa confusion et dans son ambiguïté. Alors se montrerait l'enlacement de deux absolus de signe contraire que le mythe coud de force ensemble : l'absolu d'une forme, c'est-à-dire d'une apparence qui se suffit à elle-même, d'un récit qui ne demande qu'à être conté, d'une figure dont toute la vérité, dessin et couleur, est visible ; l'absolu aussi de la force dont il est issu, la fatalité d'un souci qui touche à l'essentiel de la condition humaine et qui se déguise paradoxalement et efficacement en se manifestant dans une trompeuse nudité. Tel est le mythe, forme et force à la fois, pure naïveté et ruse subtile, Ève simple et candide dans le premier jardin, mais aussi serpent qui s'insinue jusque dans le paradis à force de tours et de détours, protagonistes qui par leur rencontre font le seul mythe d'une histoire ensuite sans mythes, mythe parfait qui révèle l'essence du mythe, si bien que posséder l'intelligence de ce premier récit pourrait bien être un acte libérateur de toute mythologie.

Le mythe a paru nous détourner de notre propos. En réalité aucun fil n'a été rompu, car il y a dans le mythe et l'angoisse du mal et son contraire, tout notre problème intégralement rassemblé.

DU MYTHE COMME RÊVE DE DÉLIVRANCE

Freud pourrait être un bon mythologue : la psychanalyse tient, on le sait, que tout rêve exprime une faim sensuelle ou une agressivité caractéristiques de notre nature et non seulement les rêves qui déroulent un épisode manifestement charnel ou violent, mais aussi les plus apparemment innocents participent au moins symboliquement à quelque tourment de cette sorte, avoué en même temps que refoulé. L'homme selon Freud avant de se savoir charnel est angoissé par la chair jusqu'à en rêver assidûment. La thèse est téméraire et on n'entend pas la défendre littéralement. Transposée en doctrine du mythe, elle est singulièrement éclairante.

L'homme dès qu'il se heurte au mal sous la forme du malheur absolu ou de la faute inexpiable, ne peut pas ne pas se demander si l'existence ne serait pas mauvaise en son fond et à cette angoisse il répond par les images du mythe à la manière dont le dormeur pour Freud satisfait et trompe l'aiguillon sensuel par les représentations du rêve. Les mythes auraient donc une nature onirique et ils seraient exactement les grands rêves collectifs qui hantent la nuit primitive au commencement de la pensée, ou plutôt le rêve éveillé auquel tout esprit consent pour interrompre une lucidité en train de devenir dramatique. Freud alors a raison au delà du freudisme. Refoulement d'une angoisse gênante, transposition d'une tendance en images symboliques, sublimation nécessaire et vaine de l'insurmontable, toutes les catégories de la psychanalyse seraient ici d'un usage plus sûr que pour les fantasmagories autrement incertaines des rêves individuels. Crime et malheur arrivés aux dieux ou aux dieux et aux hommes emmêlés dans la même aventure se retrouvent dans tous les mythes, et l'histoire monstrueuse et démesurée qui donne au mal des dimensions surnaturelles ne peut pas ne pas avoir une signification pour l'homme, car rien de ce qui est humain n'est sans finalité. Notre hypothèse vise seulement à dévoiler l'intentionnalité de la fonction fabulatrice et du même coup à donner une description concrète de l'attitude de l'homme devant le mal, laquelle n'est pas naturelle, simple, spontanée mais implique toujours dualité voire duplicité. Le mythe, à notre sens, n'est rien de plus ni rien de moins qu'un effort sublime et vain pour conjurer l'angoisse devant le mal. Essayons de le montrer par la description des rythmes qui scandent le mouvement du mythe.

Au commencement était la fable, écrit Valéry. Il suffit de renverser la formule pour la sauver de la littérature et pour la rendre à la philosophie. Toute fable remonte à des commencements et cherche à scruter des origines. Non pas qu'elle cherche un point zéro métaphysique à partir duquel se déroulerait le temps ; le mythe est plutôt hanté par l'idée d'un commencement pur, antérieur à tous les surgissements historiques et qu'aucun mal ne saurait atteindre — mais le mal vivement écarté de l'origine vient aussitôt la corrompre, comme s'il y avait un mal antérieur au mal. Que l'on songe au thème de la guerre des dieux avant parfois la création du monde et qui se rencontre dans la plupart des mythologies. L'homme n'est pas encore et le mal est déjà. Le divin avant l'homme déjà ravagé par le mal, thème mythologique par excellence : Zeus le roi des dieux, a connu une enfance précaire et menacée, et il n'est pas sûr que son règne ne finisse un jour.

La fonction fabulatrice paraît donc obéir à une dialectique de contradiction : dans un premier mouvement elle invente des dieux, c'est-à-dire une existence délivrée de la douleur, de la faute et de la mort, et dans un deuxième mouvement elle soumet ces heureux au mal en leur prêtant et une histoire et des passions. A peine a-t-on posé avant toutes choses une origine absolue et pure qu'il faut aussitôt la contaminer ; l'existence supérieure et antérieure, libre des servitudes de la condition humaine dès qu'on l'imagine temporelle, multiple, le mal qu'on avait traité par l'exorcisme de l'oubli revient avec une violence et une malice accrues : les dieux sont suscités contre le mal et aussitôt le mal revient par les dieux. Qu'il y ait une histoire et des êtres, même surhumains, et le mal est déjà là.

La mythologie lie toujours à un excès d'optimisme une démesure de pessimisme. La pensée qui enfante le mythe est donc une passion qui obéit comme toute passion à une loi d'envoûtement de soi ; ici une angoisse porte à l'absolu la négation de son obsession et ensuite elle porte à l'absolu son obsession elle-même. Le refoulement parfaitement réussi est aussi bien totalement manqué. Par cette contradiction la mythologie avoue de quelle cause elle est l'effet : le dieu garant du bien et le dieu bienheureux, qui deviennent le dieu mauvais ou le dieu souffrant, expriment un conflit dénoué symboliquement au cœur de l'angoisse.

Les deux temps de la dialectique mythologique sont inscrits en clair par exemple dans tous les récits de paradis perdu. Il y a d'abord un état d'amitié entre les hommes et les dieux ; il ne se passe rien ; ni durée, ni labeur, ni histoire. Toutes choses restent en suspens ou se déploient selon une égalité et une régularité qui n'empruntent rien aux rythmes syncopés de la temporalité humaine ; puis inexplicablement se produit un je ne sais quoi, une chute, un événement absurde comme le clinamen d'Épicure, une dissonance insaisissable en elle-même, visible dans ses effets, une jalousie chez les dieux, une démesure dans l'homme ; tout est fini ou plutôt tout commence dans ce monde, né comme dans le mythe de tout à l'heure de la larme d'un dieu ; l'histoire humaine est en train parce qu'un immortel a pleuré ; la figure de la véritable origine est si bien dévoilée que la sérénité même d'avant la chute a quelque chose de pourri ; l'harmonie maintenant perdue était une fausse paix grosse des tumultes et des orages qui vont suivre. Nous retrouvons les deux temps que nous disions : l'image d'un monde sans conflit où tout est intact et où rien n'incline vers le déclin ; puis le mal ainsi repoussé absolument revient avec une violence absolue et envahit l'univers de lumière et de paix qui devient alors le monde du labeur et de la douleur, du crime et du châtiment. La tension entre les deux mouvements de signe contraire ne fait ni vainqueur ni vaincu ; ne sont raturés ni l'optimisme du premier moment par l'apparition du mal et du péché, ni le désespoir du second moment par la mémoire de l'harmonie première : entre les deux extrêmes la poésie du récit fait un beau compromis, qui donne quelque chose d'apaisant à la plus cruelle histoire. Il faut donc pour faire un mythe comme pour faire un rêve le bruit et la fureur dionysiens mais aussi la sérénité apollinienne selon les grandes intuitions du jeune Nietzsche.

La théorie freudienne du rêve devient alors, comme nous l'avons soupçonné plus haut, symbolique d'une doctrine plus vaste et plus profonde : l'homme s'endort fuyant dans le sommeil le souci de vivre, regagnant le repos antérieur, l'en deçà de toute vie ; mais voici que le souci revient, s'exaspère en angoisse, et il interdirait le sommeil si un génie poétique qui lui aussi ne dort pas, n'était capable de calmer l'impatience du désir par des images qui le satisfont fictivement et l'empêchent ainsi de réveiller le dormeur. On a ainsi surpris l'origine du mythe plus que l'origine du rêve. Freud ne disait-il pas que le rêve est le gardien du sommeil ? Ainsi opium d'une culture, opium qui fait dormir mais qui aussi fait rêver somptueusement, le mythe, pourrait-on répondre en écho, gardien du sommeil pour une humanité qui ne peut déposer l'angoisse du mal mais qui en fuit le souci et la présence dans cet irréel qu'est la beauté — miroir très fidèle et qui cependant ne donne que des images trompeuses.

Le mythe, comme le rêve selon Freud, a quelque chose à la fois de puéril et de profond. Aucune mythologie n'est vraiment sérieuse et ne cache sous les récits symboliques une solution ésotérique, métaphysique ou religieuse, au problème du mal. Pas plus qu'une clé des songes ne découvre la vérité de l'âme et le sens du futur. Qu'on ne cherche donc pas de pensée vénérable, oubliée, difficile qui serait engloutie dans le fond des vieilles mythologies comme un trésor naufragé dans des profondeurs marines. Car le mythe ne fait jamais que répondre à la question par la question ; pour expliquer le mal il a toujours recours à quelque mal antérieur, le découvre chez les dieux pour rendre compte de sa présence parmi les hommes, cercle vicieux qui est proprement une logique de rêve et une dérision pour la raison. Et pourtant le mythe en montrant que le mal toujours est déjà là, l'explique au sens étymologique du mot ; il ne le fait pas comprendre mais il le déploie en quelque sorte jusqu'à l'infini ; agressivité déguisée ou imploration masquée, il cherche à surprendre l'ombre que projette le mal jusque sur l'Absolu. Le mythe exprime ainsi ce qu'il y a de lucidité aiguë et d'impuissance douloureuse dans l'angoisse du mal. D'un embarras crucifiant, la fonction fabulatrice fait une chose de beauté. Beau comme un rêve, beau comme un mythe.

Un exemple suffira pour vérifier sur un cas, il est vrai éminent et singulier, le peu d'hypothèse qui vient d'être proposé. Les trois premiers chapitres de la Genèse racontent dans le style du mythe l'origine du mal. Même si, comme on l'affirmera plus loin, le judaïsme représente l'effort le plus héroïque qui ait été tenté par l'esprit contre la séduction du mythe, le début des Écritures judaïques a un peu plus que l'apparence du mythe : ainsi la tangente à la courbe est d'un seul élan tendue vers l'infini, mais en un point infinitésimal sa rectitude paraît se confondre avec l'inflexion que pourtant elle nie. On sait que dans ce texte inaugural de la Bible, il se rencontre en réalité deux récits dont les contenus diffèrent jusqu'à l'opposition ; le premier sereinement théologique décrit la seule création ; le second mêle la création et la chute. La juxtaposition de deux récits d'esprit si contraire illustre passablement ce pouvoir qu'a le mal de contaminer ses alentours et d'être comme antérieur à lui-même. Car quand le mal paraît, la création est à refaire.

Le Dieu du premier récit avait créé selon l'ordre un monde de raison où l'être s'ajoutait à l'être suivant une hiérarchie de valeur croissante, tout un cosmos glorieux où la nature et la justice ne se distinguaient pas, où à la fin l'homme et la femme étaient suscités ensemble, dans l'égalité, et à l'image et à la ressemblance d'un Dieu qui n'était point avare de son propre esprit. Telle est la création vraiment paradisiaque, dont le mal est absent, et celle dans laquelle il n'est pas de paradis terrestre. Le deuxième récit qui semble annuler le précédent raconte une création d'emblée moins heureuse. D'un spiritualisme décanté jusqu'à l'abstraction, on passe à un naturalisme terriblement concret, d'une lourdeur et d'une épaisseur peut-être étudiées. Dieu cette fois prend des façons de démiurge, il a besoin, pour que l'homme soit, de modeler une figurine de glaise dont il fera Adam en l'animant d'un souffle qui est haleine vitale plus encore que pensée ; la première femme sera créée tardivement après le monde animal et de la propre chair d'Adam, ce qui implique inégalité des sexes et dépendance de l'un par rapport à l'autre. Dans le Jardin d'Eden où l'homme a été placé, Paradis déjà perdu, rôde un serpent, bête démoniaque, insolite note d'Enfer ; une défense plane, l'interdiction de toucher aux fruits de l'arbre de la connaissance du bien et du mal.

Avant même que le péché originel ne soit par la désobéissance du premier homme, le monde est déjà un monde cassé ; les effets du péché précédent le péché et toute existence est déchue par rapport à sa propre essence : Dieu est fabricateur plus que créateur et en lui l'avarice et la jalousie l'emportent sur la générosité, car il défend à l'homme de s'élever à la connaissance, entend maintenir sa créature dans une vie animale et naturelle, et, lorsque l'irréparable est consommé, ce même Dieu ferme à jamais le Jardin, pour que l'homme ne cueille pas de l'arbre de vie qui lui ferait atteindre l'immortalité après la connaissance et le rendant semblable à « l'un de nous » lui ouvrirait les portes interdites du royaume divin : un tel Dieu paraît enfanté par une conscience souffrante et coupable, qui tente de se débarrasser de son mal en le projetant dans l'Absolu, suivant la loi de toute mythologie. Si Dieu est tombé au-dessous de Dieu, l'homme aussi est descendu au-dessous de l'homme ; voici l'humanité, mélange de boue et de souffle animal, partagé entre deux sexes inégaux, voués au malentendu, séparés dès que se montre le Serpent. Le mal était déjà en Dieu, il était déjà en l'homme ; plus matériellement encore il était dans le Tentateur, dieu déchu collé à la Terre, avatar de quelque manichéisme archaïque ; le mal était aussi dans l'étrange éthique du Jardin, cette défense qui est proprement provocatrice et l'interdiction semble n'avoir été machinée que pour faire surabonder le péché. Admirable description d'une faute nommée originelle puisqu'elle se confond avec l'origine et qu'elle obscurcit le commencement. Le récit de la Genèse est un mythe mais qui avoue sa nature de mythe : une conscience — et elle pourrait être la conscience humaine en général — qui se sait coupable y raconte et y dissimule sa culpabilité, elle y exprime un sentiment profond du mystère du mal et un ressentiment contre ce mystère. Tout y est si bien mis à sa place, qu'à rêver avec l'étrange et triste récit, on y mange le fruit de la connaissance du mythe, et alors la perfection du mythe pourrait signifier la mort du mythe. Les chérubins et le glaive fulgurant postés à l'entrée du Jardin feront commandement à l'esprit de dépouiller la fonction fabulatrice et ce mouvement d'exode hors du rêve est tout l'esprit du judaïsme.

Il nous est donc permis de conclure que le mythe est l'apaisement imaginaire d'une passion et plus particulièrement de cette passion inséparable de la pensée qu'est l'angoisse du mal : un tourment subjectif justifié par la conscience lucide de la condition humaine s'affirme et se perd dans l'objectivité sans substance de représentations pures. Une phénoménologie de la mythologie est donc possible — mais qui ne saurait conduire à une décision métaphysique touchant le problème du mal. Que le mal ne soit qu'une apparence ou qu'il se confonde avec l'existence, le propre du mythe est de ne le point savoir, de vivre de cette incertitude indéfiniment prolongée, idéalement apaisée. A travers la mythologie, l'homme ruse esthétiquement avec le mal en feignant de regarder d'un œil contemplatif une réalité qui l'épouvante. Impossible donc de conclure que par le mythe l'homme a vaincu le mal en *l'enchaînant dans les liens de la beauté* suivant le mot de Plotin ou que par ce même mythe l'homme est totalement vaincu par le mal dont l'obsession ne le quitte plus. Le mythe hésite entre des possibilités métaphysiques qu'il stylise, absolu de l'optimisme et absolu du pessimisme ; il répond par de la beauté à l'angoisse du vrai. Son ambiguïté est radicalement indénouable.

DE LA BEAUTÉ COMME MYTHE

De proche en proche il nous est apparu que, en ce qui concerne le mythe, l'essence se confond avec l'apparence, et l'une comme l'autre s'appellent beauté. L'inverse est également vraie : la lumière irréelle et énigmatique du mythe se retrouve en toute beauté. Si bien que malgré son caractère sommaire notre esquisse de doctrine du mythe pourrait éclairer quelques raisons de la quête humaine de la beauté ainsi que le problème de l'origine de l'art. On y trouverait, comme à propos de la mythologie, l'angoisse du mal, avec cette différence importante que si l'inventeur de mythe est un artiste inconscient, l'artiste est un inventeur de mythe plus conscient de la portée de son aventure ; l'homme sait mieux ce qu'il fait lorsque pour tromper l'angoisse ou la conjurer, il invente la magie blanche de l'art. L'hypothèse pourrait être prise dans toute sa généralité ; on se contentera de l'éprouver en la confrontant avec la littérature dramatique qui dans toutes les cultures est si proche de la mythologie.

C'est un thème ordinairement reçu que la tragédie opère la « catharsis » ou purification des passions. L'idée est née dans les lieux communs de « la Poétique » d'Aristote, et elle a eu la curieuse fortune en avançant en âge de contredire l'ordinaire destin des idées et d'aller du banal à la profondeur. Comprenons que le sentiment de la beauté tragique est fondamentalement purification d'une passion originelle, l'angoisse du mal, ce tourment que ne cessent de nourrir et d'apaiser les grandes figures tragiques. Le mal dans le mal est le non-sens ; ce qui ne devrait pas être est. Le dessein du poète tragique sera alors de projeter sur l'injustifiable la double lumière de la nécessité et de la beauté. L'homme théâtralement tragique sera élémentairement le héros malheureux, puisque la grandeur du mérite devrait en toute justice appeler le succès et le bonheur. Le comble du tragique sera atteint par le spectacle de l'innocent-coupable qui d'Œdipe jusqu'à Phèdre est la ressource jamais épuisée de la littérature dramatique. Et il faut pour toucher à cet absolu du tragique que l'innocence et la culpabilité soient pareillement éclatantes et incontestables, qu'Œdipe ait été inconscient du parricide et de l'inceste, que Phèdre déteste loyalement son amour et qu'en même temps l'action d'Œdipe, l'action de Phèdre aillent en fait jusqu'à la noirceur la plus criminelle. Le héros tragique est donc le contraire d'un monstre et il ne paraît l'exception que dans la mesure où les confuses contrariétés de l'existence humaine sont haussées à la clarté de l'essence, car il n'est pas de créature humaine qui ne pressente obscurément dans les demi-ténèbres du malheur et de la faute et l'infini de son innocence et l'absolu de sa culpabilité. Le drame donc n'explique rien, il montre, il dénonce en faisant de la beauté avec de l'incompréhensible ou plutôt avec de l'injustifiable.

La tragédie met en question l'homme et l'existence ; elle n'a pas pour objet de percer les secrets du cœur humain ; elle est plus métaphysique que psychologique, en cela elle participe à la nature du mythe. La fable de Tristan et d'Yseut ne nous apprend rien sur la genèse du sentiment de l'amour, elle n'analyse pas les ressorts du cœur humain. Toute psychologie fait naufrage dans l'épisode du philtre : comment cela s'est-il fait ? Par magie incompréhensible. Mais que l'héroïsme et la faute, le malheur et la joie s'entrelacent dans une même expérience humaine, que la plus haute exaltation de la vie et de l'esprit incline vers le mystère de la mort, absolu ou néant, voilà la contradiction intolérable, la possibilité effrayante de non-sens que seule rendra tolérable la beauté du récit. Semblablement il ne convient pas de demander à Racine une utile et positive connaissance des passions. Phèdre est cette figure d'innocence criminelle dont l'apparition met en question à la fois l'homme, le monde et les dieux, car on ne sait où se trouve la culpabilité la plus horrible, dans l'iniquité de la convoitise humaine ou dans l'injustice divine qui punit le mal qu'elle a elle-même suscité. La nécessité et l'impossibilité de choisir entre les deux interprétations montrent que la terreur tragique est terreur de l'esprit, recul devant un néant de raison. L'ordre, le calme, l'harmonie viennent de la seule beauté, qui tient lieu de raison, qui mime la raison absente, mais qui n'est pas la raison.

Le conflit tragique est donc toujours une dialectique telle qu'un dénouement de synthèse est impossible. Pour reprendre un langage dont nous nous sommes servis plus haut, un malheur non médiatisable est tragique. Aussi les « insolubilia » ou indénouables dont a parlé admirablement Gabriel Marcel sont-ils les occasions privilégiées ou plutôt l'aliment exclusif de l'art tragique et du tragique aussi dans l'existence humaine. Sans la confusion du bien et du mal, sans le partage équivoque des valeurs, le tragique ne serait ni dans la vie ni dans l'art. Le manichéisme politique, ce système de sécurité des fanatiques qui met tout le bien d'un côté et tout le mal de l'autre, élimine par abstraction tout tragique. Que dans un conflit les protagonistes aient également raison et qu'ils soient condamnés à se déchirer jusqu'à la mort pour obéir chacun à la vérité qui l'illumine sans que jamais se montrent la synthèse réconciliatrice, l'architecture apaisante qui donnerait l'hospitalité aux valeurs ennemies, et le conflit atteint à la pure essence du tragique en nous proposant l'image d'un malheur absolu. Faudrait-il conclure alors que la pensée tragique nous découvrant un monde où sagesse et salut seraient également impossibles fait du mal un problème sans solution et de la conscience la plus aiguë un blasphème contre l'existence, couvert mais non pas ôté par la beauté des images ? Ou au contraire l'énigmatique lumière de la beauté contient-elle quelque solution apaisante que la philosophie pourrait deviner même si elle ne peut la déchiffrer et la traduire en son propre discours ? Le tragique dans l'art pose on le voit la même interrogation que le mythe.

Gabriel Marcel paraît choisir l'optimisme lorsqu'il se demande si l'homme de théâtre, donc l'inventeur de mythes tragiques, ne trouverait pas son inspiration dans une sympathie spirituelle et profonde qui permettrait d'envelopper en même temps les valeurs et les héros en guerre inexpiable les uns avec les autres ; leur créateur les aimerait ensemble tout en souffrant du déchirement qui les oppose ; la pitié compenserait alors la terreur ; elle serait le pressentiment d'une charité divine qui ne répare pas un monde cassé mais lui apporte le secret d'un apaisement religieux.

L'ouverture tentée par Gabriel Marcel vers une absolution du tragique au dedans même du tragique n'est qu'une possibilité indémontrable et qui reste douteuse. Le sentiment tragique commun au créateur et au spectateur est bien fait de terreur et de pitié, mais il reste un symbole ambigu ; la pitié appelerait plutôt une religion de résignation, la terreur une irréligion de désespoir, mais l'une et l'autre se mêlent, et le spectacle tragique, semblable au mythe, garde bien son secret. Dionysos et Orphée, le dieu et le héros mis en pièces sont les bons patrons de l'art tragique ; meurent-ils pour quelque résurrection mystérieuse dans le monde de l'unité, comme semble le penser Gabriel Marcel, ou pour une résurrection idéale dans et par la seule beauté, qui ne signifierait alors rien d'autre qu'elle-même ? On ne peut donc d'autorité obliger la tragédie à confesser la vérité d'une religion de la charité. Il est au moins aussi vraisemblable de parler d'un paganisme comme philosophie naturelle du tragique, qui pourrait alors être irréductiblement polythéiste ; car décrire des valeurs en conflit, c'est croire que Dieu est plusieurs et que la guerre entre les dieux aura toujours lieu. La tragédie ne serait alors qu'un mythe étudié, délibéré et elle ne déboucherait pas sur le mystère. Un polythéisme et une religion de la beauté, la sérénité de la forme sauvant musicalement l'horreur du fond, ne sommes-nous pas au plus clair et au plus profond des grandes réussites du paganisme ? La tragédie nous laisse incertains entre le néant d'un non-sens ou l'absolu d'un sens bien caché. La douleur de cette incertitude fait le tragique du tragique et nous l'avons déjà rencontrée dans le mythe. Ici et là une angoisse du mal est transposée en images et en représentations de rêve. Le mythe est un récit, le héros tragique est un récitant mythique. Ainsi nous retournons toujours par nos songes au paganisme et à la mythologie et bien des civilisations qui se croient avancées sont malades d'un excès de mémoire et elles appellent humanisme et culture la vie tenace de quelques fictions mythiques.

Ce que je vois, disait le jeune Nietzsche, encore schopenhauerien, *me délivre de ce que je ressens* : tel est le mouvement créateur de la beauté du mythe et du mythe de la beauté. Cette sublimation magique de la passion en contemplation, que l'homme refait inlassablement, comment l'homme peut-il la comprendre ? On peut compter trois hypothèses possibles qui sont autant de métaphysiques de la beauté.

Première hypothèse, le rôle du beau serait d'ôter sa substance à la réalité, de substituer à l'opacité brutale et absurde des existences un monde d'essences claires et transparentes. Rien n'existe, seule est la beauté, cet irréel. Le mal disparaît avec l'existence universelle. L'angoisse qui nous tourmentait, reflet d'une illusion, s'évanouit et se transfigure en sentiment esthétique. La beauté alors nous inclinerait du côté d'une sagesse nihiliste.

Deuxième hypothèse, le beau, pas plus que le mythe, ne prétend dissoudre l'inévitable et l'insurmontable ; le crime inexpiable et le malheur absolu ne sont pas détruits ou absous parce qu'ils deviennent mythe ou tragédie ; bien plus, la réalité du mal est incompréhensible à la pensée et invincible à l'action ; il ne resterait plus qu'à dire cette double carence, à la cacher par une parole qui renoncerait à être imploration vers le divin ou appel efficace à un labeur d'homme, parole absolue, irréel de pureté qui ne peut remporter qu'une victoire vaine et idéale sur l'absurdité du réel. La philosophie du mythe ou de la beauté serait une irréligion en son fond désespérée mais qui a l'élégance de se démentir elle-même en se donnant un style et une forme de sérénité.

Enfin ne peut ni s'imposer ni s'exclure une troisième hypothèse : la purification du tragique de l'existence par le moyen du mythe et de la beauté mimerait une absolution et un salut dont l'homme sent l'irrésistible besoin mais qu'il lui est impossible de se représenter sinon dans l'impuissance et la nostalgie des symboles.

La beauté ne peut pas ne pas suggérer ces trois possibilités, mais elle les brouille ensemble, et elle infuse à la pensée une stupeur paralysante qui l'arrête, interdite, sur le bord d'un choix, nécessaire, impossible.

Des descriptions précédentes pourrait donc se tirer l'esquisse d'une doctrine du beau. Le beau est de la nature du mythe ; il a sa source dans la même angoisse du mal qu'il apaise par l'apparition d'une synthèse pareillement irréelle. Le beau a les mêmes adversaires que le mythe. Prophètes d'Israël, jansénistes, marxistes sont tous de la même race iconoclaste, prédestinés à ne point comprendre ou à trop comprendre la puissance mythique du beau ; aussi ces fanatiques sublimes le chassent-ils de leurs cités puritaines. La beauté est sans substance, elle appartient au domaine de l'apparence. « Je suis la promesse qui ne peut être tenue », dit Lala dans *La Ville*, de Claudel : cette femme est aussi vaine et vide que son nom et elle existe aussi peu que possible dans ce drame d'hommes, mais elle est un bon symbole de la beauté, mythe d'un mythe, doublement imaginaire.

AU DELA DU MYTHE : UNE IMPASSE ET UNE OUVERTURE

Le mythe n'est donc pas une curiosité archaïque et primitive, il est une réponse constante que l'homme ne cesse de donner à son angoisse du mal, réponse aussi étrange, aussi naturelle que le rêve. Et peut-être l'homme sait-il toujours ce que valent ses mythes, mais sans se l'avouer un peu comme, selon la psychanalyse, le dormeur sait le sens de son rêve mais en même temps refuse de le savoir par un mélange d'inconscience et de mauvaise foi, afin de rester endormi et de prolonger sa paresse végétative éclairée seulement d'une pensée dégradée et ironique. Pour s'éveiller, pour aller jusqu'au bout de l'humain, il faut donc briser avec les mythologies. Là est le salut de la pensée et de l'action. Contre la mythologie de leurs propres origines, le génie grec a inventé le destin et l'esprit juif l'espérance prophétique.

Le Destin dans la culture hellénique sonne le glas des mythologies. Le mythe trouvait une origine au mal, donnait au temps la figure de l'imprévisible et de la contingence, en y découvrant des commencements absolus et des discontinuités ; le mythe cherchait au mal des raisons déraisonnables, hésitant entre la jalousie des dieux et la démesure des hommes, les brouillant l'une avec l'autre. L'affirmation de la souveraineté du Destin est alors le coup d'état qui supprime ces irrationalités risibles, ridiculise les dieux en leur faisant jouer des personnages de comédie, et qui engloutit l'histoire dans la nécessité. Ironie suprême à l'égard du mythe, le destin est la libre-pensée qui éclate au cœur de la piété primitive. Révolution définitive, mouvement irréversible : quand le destin se montre, le retour au mythe paraît impossible.

Apparence cependant ; car le destin est réponse aussi à l'angoisse du mal, comme le mythe ; il est à la fois la négation du mythe et la perfection du mythe. Si bien que la mythologie qui semblait dépassée et vaincue se trouve par le destin sournoisement et irréparablement victorieuse. Le destin n'est pas un mythe, il n'ajoute pas aux mythologies un mythe de plus ; mais il est la quintessence du mythe, il en dégage la loi abstraite qui gouverne le récit mythique, en lui donnant et en lui ôtant son pathétique et son sérieux. Entre le mythe et le destin il y a la même distance qu'entre un art figuratif et un art abstrait, mais l'un et l'autre relèvent du même et équivoque génie. Du mythe au destin, le dormeur n'a pas quitté le sommeil. Il rêve seulement qu'il est éveillé.

Le destin c'est l'inévitable, l'avenir déjà écrit, le temps englouti dans une éternité de mort. D'où son ambiguïté qui est celle du mythe, mais traduite en algèbre métaphysique. Le monde du destin est la plénitude sans faille et aussi le vide d'inanité parfaite : le plein, puisque le destin est la mort du possible et de l'idéal ; tout ce qui est réel est nécessaire, et tout ce qui est nécessaire est réel ; le vide, puisque le destin est l'anéantissement du présent et du futur au profit d'un passé éternel au sein duquel toutes choses perdent leur réalité, aussi impalpables, aussi immuables qu'un souvenir. Le destin signifie contradictoirement : le monde est l'absolu, et le monde est le néant ; le temps est tout, le temps est illusion.

Le monde du destin est une totalité indéchirable dont aucune partie n'a d'existence séparée et se trouve lié à l'ensemble comme un moyen bien ajusté au service d'un système clos, monde bourré de significations, surabondant de finalités ; tout est machiné, les chemins y sont des ruses subtiles et les hasards mentent, cachant un dessein qui un jour sera évident, le temps étant le dévoilement automatique des vérités d'abord enveloppées, bientôt aveuglantes. Univers du sens, le monde du destin est aussi l'univers du non-sens ; car si la finalité est partout, la fin n'est nulle part et le propre de la grande machinerie du destin c'est que chaque ressort s'y explique par ses liaisons invincibles avec l'ensemble, mais le tout lui-même s'y affirme sans autre explication que l'aveugle nécessité de son existence. Bon exemple d'une « finalité sans fin » ; cette rencontre avec une formule d'esthétique kantienne n'est pas sans portée : le beau aussi, Kant a dit vrai, est « finalité sans fin » ; le destin recueille l'essence belle du mythe dans son abstraction la plus dépouillée.

Le destin est la justice, et inexorable ; pas de crime sans châtiment, de bonheur insolent sans chute exemplaire ; tout se paie, les lois de compensation ne souffrent aucune exception ; et cependant le destin est l'iniquité, et sans recours, car le crime déjà est châtiment, il n'est pas de fortune que n'annule une infortune égale, tout le monde est coupable, mais nul n'est responsable, les dieux comme les hommes.

A la fois être et néant, absolu de sens et absolu de non-sens, *summum jus* et *summa injuria*, le destin satisfait raison et conscience morale pour aussitôt les moquer en une suprême dérision ; il est le mythe en soi qui finit au terme des mythologies par réduire tous les mythes en esclavage ; comme le mythe il est un embarras d'antinomies non dénoué, mais sublimé en fausse synthèse ; comme le mythe, il couvre l'horreur du fond par la beauté de la forme. Le destin, né de la révolte et du mépris de l'homme contre ses dieux — Prométhée enchaîné se venge de Zeus en prédisant, par son intelligence du destin, l'inévitable mort des Olympiens — prétend abolir le règne des mythes et il résume et accomplit toutes les mythologies. Et « puisqu'il faut rêver » disait le poète, « rêvons la mort des rêves ». Mais c'est encore rêver. Le destin, dernier mot du paganisme, est ce rêve grandiose jusqu'à la monstruosité qui est la mort de tous les rêves, le rêve suprême, celui dont l'esprit s'éveillera le plus malaisément.

Aux prises avec l'angoisse du mal, l'homme est le plus souvent condamné, lorsqu'il cherche le repos, à osciller sans fin entre le mythe et le destin, et ces deux contraires, ces deux semblables, font la même impasse. La conscience juive, dans son histoire, a tenté un autre chemin qui pourrait être un itinéraire d'ouverture. Avant la vocation d'Abraham, la Bible propose une suite de récits qui font figure de variations sur les grands thèmes de la mythologie éternelle : Adam et Ève, Caïn et Abel, le Déluge, la Tour de Babel racontent l'histoire trop prévue de la désobéissance et de la démesure humaines aux prises avec les jalousies et les colères divines. Très vite apparaît ensuite l'esprit prophétique, témoignage historiquement solitaire contre le mythe et contre le destin. Jamais l'âme juive, au moins dans ses plus hauts et plus vrais représentants, n'a trahi cette vocation d'exception qui fait qu'unique, elle a pu confesser Dieu comme l'Unique, se gardant à la fois de lui donner un visage et de le confondre avec l'universelle nécessité ; le prophétisme se caractérise par son intolérance à l'égard des dieux et son refus de réconciliation avec le destin. S'il est écrit que les peuples qui n'ont pas de rêves meurent, le peuple juif a fait la preuve qu'il n'est pas un peuple comme les autres et qu'il est possible de vivre sans mythes. La guerre aux idoles des nations comprend, par une logique révélatrice, l'excommunication iconoclaste de la beauté que le prophétisme par un instinct profond rejette comme païenne. Le jeune Hegel dans sa haine antisémite, si métaphysique, si clairvoyante, accusait Israël d'être incapable de comprendre la beauté ; il avait raison plus qu'il ne pensait et là où il croyait abattre et condamner, il relevait et il exaltait, désignant une grandeur dans laquelle il n'entrait pas. La beauté convaincue de mensonge, la voie est en effet ouverte à une certaine sorte d'héroïsme et de sublime.

La conscience juive a connu plus profondément qu'aucune autre l'angoisse du mal, l'expérience du péché et du malheur ; le peuple juif est le peuple de la passion dans les deux sens du mot car il est animé par une puissante passion de vivre et son existence est une passion continuée, peuple qui est signe de contradiction, peuple du sentier resserré et qui s'est juré d'empêcher l'humanité de dormir. Ses plus illustres penseurs — un Spinoza, un Marx, un Bergson — n'ont cessé de philosopher contre les mythes et c'est encore accomplir une fonction prophétique que de dénoncer dans la mythologie « un opium du peuple ». L'angoisse juive, ni couverte ni travestie, ni métamorphosée existe à l'état pur. Aussi le peuple juif est-il le peuple philosophe par excellence ; à force d'être singulière, sa vocation a valeur exemplaire ; l'universel concret est ici réalisé sans concessions aux vérités éclectiques, moyennes, générales ; et le judaïsme pourra être la philosophie naturelle de l'esprit pourvu qu'on appelle esprit cette part de l'homme qui craint le sommeil plus que la mort et le rêve plus que le réel.

Chercher Dieu à travers et par le moyen de l'angoisse du mal et en congédiant par la violence de l'esprit toutes les illusions consolantes, c'est la tâche aussi bien de la conscience juive que de la philosophie. Le vieil homme Job est le peuple juif tout entier rassemblé en une seule figure, souffrant, demandant raison de sa destinée ; il est aussi le philosophe, pensant le paradoxe de la condition humaine, transformant l'affirmation en interrogation. En Job la conscience juive et la philosophie éprouvent le mal comme passion et comme pensée.

L'intervention de la conscience juive a peut-être ici quelque chose d'indiscret. Et l'appel à une philosophie de l'angoisse est encore prématuré. Les ressources de la raison n'ont pas été épuisées et il n'est pas sûr encore que soit introuvable une sagesse plus forte que l'angoisse.

CHAPITRE III

La sagesse en question

DE LA SAGESSE EN GÉNÉRAL : SES TROIS CATÉGORIES FONDAMENTALES TOTALITÉ, NÉCESSITÉ, BEAUTÉ

Ou personnage d'utopie, ou figure exemplaire mais inaccessible, ou homme parmi les hommes, le sage a résolu le problème du mal et il sait qu'il l'a résolu. Se demander si le sage est possible ou impossible, idéal ou réel, c'est aborder le problème du mal, cette fois par un chemin véritablement philosophique, car la philosophie est aspiration à la sagesse et la sagesse serait l'accomplissement suprême de la philosophie si la possession d'une vérité qui donnerait sens à l'existence universelle permettait soit d'éluder le mal comme une rencontre insignifiante, soit de le surmonter comme un obstacle vaincu, soit de le dissoudre comme une apparence. « Qu'en est-il de la sagesse ? », la question doit donc se dresser au centre de cet essai et il faut nous demander si jusqu'ici nous n'avons pas obstinément retardé, à force de diversion psychologique ou de divertissement esthétique, le moment de la réflexion proprement philosophique.

La notion même de philosophie renferme l'espoir d'une victoire sur le mal comme le montre l'analyse du plus commun langage. « Prendre les choses avec philosophie », « être philosophe », ces expressions s'entendent couramment d'une attitude de dignité résignée ou d'humour résolu en face de la malchance, de la sottise ou du malheur. Mais la sagesse ici paraît recouvrir une secrète défaite et il faut aller jusqu'à la source de ces reflets affaiblis d'une plus pure lumière. La sagesse dans le grand sens du mot est le contraire d'un propos de repli, symbolisé par le retour à l'étroite Ithaque après le périple des grandes aventures. La sagesse coïncide avec l'ambition la plus extrême de l'homme, qui est de tout embrasser et de tout résoudre par les ressources de l'esprit, et même l'opacité en apparence irréductible du mal. L'aspiration à la sagesse, comme toute pensée, a son origine dans l'angoisse du mal, mais elle est un effort de l'esprit pour se libérer de cette passion qui l'offusque et l'opprime. Délier la pensée de la passion, philosopher contre l'angoisse, tels sont les itinéraires de la sagesse.

Nous savons donc d'avance à quelle condition une sagesse est possible : que l'absolu du malheur et du mal ne soit qu'une illusion de la passion, que la passion puisse être défaite et avec elle dispersés les phantasmes qu'elle engendre. Abandonner la souffrance et la faute à l'épreuve existentielle et subjective, ce serait les vouer l'une et l'autre au non-sens et trahir la sagesse en suivant quelque Protagoras tragique. Mais Protagoras doit être réfuté par Socrate si la sagesse est vraiment l'orient de la philosophie. Le combat est de pensée ; l'angoisse devant le mal n'est pas seulement un tumulte affectif, elle est épouvante devant la déraison ; les choses ne sont pas ce qu'elles devraient être ; rappelons-nous les figures majeures du mal : le malheur de l'innocent, le partage des valeurs qui condamne à un aveuglement partiel toute lucidité politique, morale, peut-être religieuse, la mort d'un esprit si incontestablement fait pour connaître l'universel et embrasser le tout, autant de défaites de la raison ; d'où plus grave que la panique du cœur le vertige de l'esprit contre lequel la philosophie en appelle à la sagesse. La raison doit avoir raison et l'irrationnel sera convaincu d'être un irréel sans substance. Cet impératif catégorique définit une nécessaire condition de possibilité de la philosophie comme chemin et de la sagesse comme terme.

Par la sagesse serait rompu le cercle vicieux de l'angoisse et du mythe. La mythologie, on l'a vu, ruse avec l'angoisse du mal, et elle ne cesse dans toutes les civilisations, de congédier la sagesse et de succomber à l'angoisse en masquant et en compensant sa défaite par les symboles glorieux de l'art. D'où l'alternative de la philosophie et de la mythologie. La quête de la sagesse contredit l'abandon aux mythes à la manière dont la veille condamne et interrompt les images troubles des rêves. La sagesse sera si, une fois écartées les images fantastiques et pathétiques, l'absolu du mal ne résiste pas « à la fixité calme et profonde des yeux », au regard de l'esprit, à une vue métaphysique qui deviendrait d'elle-même une vie spirituelle. La sagesse ne se rencontre pas par hasard et selon des voies secrètes. Le voyage est de lumière. Il reste à en tenter une rapide esquisse.

Si le propos de sagesse est un effort pour faire s'évanouir le néant du non-sens dans la clarté d'un sens universellement enveloppant, les sagesses sont multiples que les hommes ont cru atteindre à différents moments de l'histoire de l'esprit et elles se montrent parfois sous des formes très imprévues, mais ces espèces ne sont jamais que des variétés d'un genre immuable. La même sagesse est dans toutes les sagesses, préoccupée d'abolir les énigmes et les scandales de l'existence dans une parole intelligible, une raison réelle et vivante qui sera à la fois explication et absolution. L'être tend à se confondre avec un discours cohérent et harmonieux. Comme réalité matérielle, la sagesse peut faire question, mais non pas comme forme, et cette forme jouit d'une constance qui va jusqu'à l'identité. Il y a une essence de la sagesse. Mais cette essence est-elle capable de passer à l'existence ? En cet énoncé faussement abstrait tient toute l'espérance d'une solution rationnelle du problème du mal.

Semblable à Athéna sortant armée et casquée de la tête de Zeus, la sagesse atteint du premier coup à sa figure parfaite ; elle situe l'homme dans une belle totalité qui ne peut être autre qu'elle n'est et dont la connaissance a la vertu d'ôter le mal du mal, c'est-à-dire de retrancher ce qu'il paraissait avoir d'injustifiable. L'angoisse du mal n'a donc qu'une âme, vaine, d'ignorance ; elle ne sait pas le tout, elle fait d'un malheur particulier, d'une iniquité singulière une totalité absolue ; elle ne sait pas la nécessité, elle oppose à l'incontestable un possible imaginaire et se contraint à ne voir dans un mal qu'arbitraire et malédiction ; elle ne sait pas la beauté et son pouvoir d'apaisement ; elle s'enferme dans le faux sublime de la révolte. Le monde de l'angoisse est un monde cassé, dans lequel le lien intelligible est brisé et cette diaspora de l'être impose la fausse évidence du non-sens. Il suffit donc pour entrer dans la sagesse de passer de l'ignorance au savoir.

Savoir d'abord de la totalité : l'axiome fondateur de la sagesse affirme l'identité du Tout et du Bien. L'être est un, d'un seul tenant et n'ayant pas d'autre fin que lui-même, il est la valeur suprême ; c'est la même absurdité que de supposer un être en dehors de l'être ou un être meilleur que l'être, puisque l'être est le tout. Cette intelligence de la totalité devient aussitôt une grâce mais rationnelle : pensant le Tout l'homme (mais non pas l'homme en tant qu'homme, l'homme en tant qu'esprit) est capable de situer à leur place dans une vaste et apaisante architecture la souffrance et la faute, même celles qui, l'atteignant en plein cœur, l'inviteraient à se replier sur lui-même et lui donneraient l'illusion d'une rupture avec la totalité. Pense au tout, pense le tout et ton mal sera sans importance, maxime majeure de la sagesse. Si l'homme singulier était le tout, son mal deviendrait absolu et il ferait du même coup l'énigme et le scandale que nous disions. Le mal, s'appelât-il guerre, peste ou famine ne ravage jamais que la partie, il est relatif et passager et on ne peut jamais en faire l'attribut du Tout, qui ne saurait se combattre lui-même, souffrir maladie ou manquer de quelque bien. Par la grâce du Tout, disparaissent ainsi le faux absolu du malheur et le mensonge du mystère d'iniquité.

Savoir en second lieu de la nécessité : la liaison des causes et des effets, la suite des temps, le déterminisme des situations montrent clairement combien sont inévitables et le mal et le mélange du bien et du mal et les catastrophes et la mort ; une fureur collective de crime et de fanatisme considérée *sub specie necessitatis* n'est pas différente d'une tempête et d'une avalanche ; le désordre ainsi est ramené à l'ordre ; un enfer qui a ses lois cesse d'être un enfer ; la raison triomphe au cœur même de la déraison ; la nécessité établit la souveraineté du réel ; les limbes d'un possible, utopique ou torturant, qui n'est pas mais qui aurait pu être, deviennent mythologie ; le possible, exactement, c'est l'impossible. Comprendre selon la nécessité — et de quelle autre intelligence plus accomplie pourrions-nous rêver ? — adhérer à la nécessité, et ainsi abolir le mal, autre maxime majeure de la sagesse. Le mal est ainsi pris dans les liens qui le rattachent à l'être et au bien. L'absolu du mal générateur d'angoisse n'est plus qu'un mirage éteint.

Savoir enfin de la beauté : les comparaisons esthétiques sont familières à la sagesse ; les ombres qui rehaussent les couleurs, la dissonance placée où il faut qui donne du relief à l'harmonie, les théodicées, des Stoïciens à Leibniz, ont multiplié cette sorte de lieu commun qui n'est pas sans signification profonde. Car la beauté, limpide à l'esprit, propriété fondamentale de l'être est la seule solution du problème du mal qui soit en même temps une absolution. Contempler la beauté qui pour sa propre gloire utilise si savamment, si innocemment laideurs et difformités, voilà la troisième maxime majeure elle aussi, de la sagesse, et elle propose une rédemption intelligible du mal. Un maître de sagesse, à ce déclin de l'hellénisme qui en révèle l'essence, trouvait une admirable image pour exprimer cette religion heureuse et aveugle au mal : *Le mal*, écrit Plotin, *n'existe pas isolément... il se montre nécessairement pris dans les liens de la beauté, comme un captif couvert de chaînes d'or ; ces liens le cachent afin que sa réalité soit invisible aux dieux, afin qu'il ne soit pas toujours devant le regard des hommes et afin que ceux-ci, même lorsqu'ils le voient, puissent grâce aux images qui le recouvrent, se souvenir de la beauté et s'unir à elle* (1).

Ce triple savoir, totalité, nécessité, beauté est fonda-

(1) PLOTIN, *8e Traité de la Première Ennéade*, Budé, p. 130.

mentalement un ; les trois catégories de la sagesse se supposent mutuellement et renvoient l'une à l'autre. La totalité est nécessité ; car plus profond que le déterminisme des phénomènes est le lien qui unit le tout à lui-même, l'empêche de se défaire et de se disperser, lui donne une souveraine réalité. Et la nécessité ne peut être que totale pour congédier tout soupçon de contingence et établir la cohérence universelle de l'être. Par la beauté la totalité et la nécessité passent de l'abstrait au concret, l'intelligible devient sensible ; une totalité harmonieuse par la vertu même de sa nécessité immanente, de sa finalité interne est une chose de beauté, et cette beauté est manifestation d'un sens, déroute du non-sens ; le mal chargé des chaînes d'or de la beauté est le captif qui ajoute à la gloire du triomphe. Le Tout est fête et cérémonie. Comment ne pas pas consentir à cette grandiose ordonnance ?

Si le mal est obstacle et objection à la réconciliation de l'homme et du monde, la sagesse est une impeccable technique d'écrasement de l'obstacle et de réfutation de l'objection. Là où le sens s'échappe et fuit, le recours à la totalité, à la nécessité, à la beauté le rétablit aussitôt avec une force qui s'estime indépassable. Par exemple l'angoisse du mal, cette passion, faisait de la mort un malheur absolu ; la sagesse sera plus forte que la passion en prouvant que la disparition de l'être fini et particulier est le sacrifice raisonnable et nécessaire que consent la partie à la réalité plus divine du Tout, et que le renouvellement des individus en soulignant la permanence des grandes structures, la constance des types et des lois rend plus vivante la Beauté universelle, capable ainsi de se mouvoir au dedans de son immobilité.

LA SAGESSE, MULTIPLE ET UNE

Encore qu'elle soit loin de se confondre avec toute la pensée et la spiritualité de la Grèce, la sagesse, telle qu'on vient de la décrire, est assez caractéristique d'une haute ambition de l'hellénisme. Et chaque fois que l'esprit humain sera tenté de donner une solution totale au problème du mal, il ne pourra pas ne pas se souvenir de la sagesse antique. Pourtant la sagesse, même si elle semble être née, avoir une origine ne saurait se confondre avec les partialités d'une culture ; elle a quelque chose d'universel, touche d'assez près à une exigence profonde de la raison. Contestée, rejetée il lui arrive de renaître, parfois sous des formes imprévues, mais sa figure est toujours reconnaissable, inaltérée à chacune de ses incarnations, comme si elle participait à de l'éternel.

Multiple et une, la sagesse l'était dans l'antiquité hellénique, où elle a pu s'appeler Parménide et Héraclite pour nommer les deux grands fondateurs de la philosophie occidentale.

L'Être parménidien est une totalité nécessaire et belle symbolisée, dans le célèbre poème, par la plénitude, la densité, l'harmonie d'une sphère, claire image de la perfection. Parménide est le premier des grands théologiens rationalistes, le véritable inventeur de l'argument ontologique, car l'Être qu'il célèbre avec solennité ne peut pas ne pas être, la perfection de son essence l'établit pour éternellement dans l'existence, et l'impensable non-être est aussi bien l'impensable non-sens. Ce mal qui est rupture, séparation, absence, le Dieu parménidien le rend impossible par la puissance de sa présence totale. Sa pesanteur métaphysique est en même temps grâce spirituelle. La pluralité des êtres porterait invinciblement chacun à se penser différent, elle briserait et tuerait Dieu. Nul n'a dit mieux que Parménide et avec autant de simplicité métaphysique que le mal n'est pas puisque Dieu est. Le principe du mal, qui est la différence, se trouve radicalement extirpé. Certes il faut payer le prix d'une épuration aussi parfaite. Avec le mal c'est le monde sensible qui est convaincu d'illusion puisqu'en s'étalant dans l'espace, en se déployant dans le temps, il nous propose un faux-semblant de mouvement et de pluralité. La manière parménidienne de philosopher contre l'individu, le mal et la passion se retrouvera en Spinoza. Elle est une des constantes de l'esprit humain : oublie le tumulte du monde, souviens-toi de Midi le Juste et tu seras délivré du mal, c'est-à-dire du mensonge de l'apparence.

Avec Héraclite, est récusée l'idée de ce Dieu existant si absolument qu'il réduirait l'être du monde à l'état de vain simulacre ; la totalité nécessaire et belle est le monde lui-même haussé à l'existence éternelle et divine. Héraclite n'est nullement ce figurant des polémiques platoniciennes qui aurait dit hors des prises de la pensée un univers entraîné dans un flux perpétuel et toujours différent de soi. Le monde d'Héraclite change mais ce changement est gouverné du dedans par une loi de contradiction qui lui donne à la fois vérité et réalité. La discorde est partout, entre les éléments et entre les cités, mais elle fait l'unité, le ciment du monde et se change ainsi en secrète concorde, la guerre entre le même et l'autre, entre l'assaillant et l'assailli composant cette dramatique harmonie qui fait l'identité de la raison et du monde. Poètes et prophètes bien-pensants qui souhaitent pieusement la disparition de la guerre sont des nihilistes pleins de haine pour le monde qui sans le conflit ne serait pas. Rien dès lors n'est jamais perdu et il n'est pas de mal qui ne soit moyen du Bien dès qu'il est compris par une raison dialectique ; une décadence annonce un progrès, une injustice une nouvelle justice, une mort une renaissance ; le crépuscule toujours compensé par une aurore, tel est l'équivalent héraclitéen du plein soleil parménidien. Ce monde exclut l'absolu du mal et il réclame une adhésion absolue ; il est la totalité nécessaire et belle que nous disions, avec cette variante que la nécessité cette fois est dialectique et ne cesse de lier le contraire au contraire. La philosophie héraclitéenne de la sagesse est aussi une constante de l'esprit et elle renaîtra avec Hegel et la postérité de Hegel. Fils de la Terre et d'une Terre au dedans de laquelle la lutte des contraires accomplit la Justice : ces archaïques sont nos contemporains.

Le parménidien et l'héraclitéen se retrouveront donc tout au long de l'histoire ; il leur arrivera de pratiquer l'un envers l'autre des mœurs d'intolérance et de proscription, car ils sont peu d'accord sur le fond des affaires humaines ; leur éthique et leur politique sont faites pour s'affronter, le parménidien sera contemplatif et renverra volontiers l'action à la comédie du divertissement ; l'héraclitéen fera de sa pensée une action et de son action une pensée, « praxis » dans le monde et au service du monde. Et pourtant parménidiens et héraclitéens ne cherchent pas la sagesse parce qu'ils l'ont trouvée ; ils savent où est la totalité nécessaire et belle ; ils ont vaincu l'angoisse de la solitude et de la séparation ; ils sont les plus religieux des hommes, eux qui se tiennent au delà du problème du mal. Au delà, ou peut-être en deçà.

Rassembler ici un raccourci de l'histoire des sagesses

est évidemment impossible. On se contentera de noter brièvement quelques correspondances et quelques constantes.

Il y a dans Platon une tentation parménidienne, et s'il y avait cédé, s'il n'avait pas à la fin porté sur Parménide *une main parricide*, Platon aurait vraiment professé ce platonisme inlassablement décrit par les manuels et les histoires de la philosophie : l'Idée rejetant à l'illusion la multiplicité du sensible, l'Idée du Bien « qui n'est pas Idée » dont la pure transcendance congédie la pluralité des Idées, la mystique d'évasion, « fuir d'ici », quitter la région de dissemblance pour entrer dans la similitude divine, ces thèmes définissent un moment parménidien de Platon, dont Plotin se souviendra.

Quelque chose du génie d'Héraclite se remarque chez les Stoïciens, avec moins de subtilité aristocratique et dialectique mais avec une neuve vigueur populaire et moralisante. Une solution totalement optimiste au problème du mal suivant les exigences intégrales de la sagesse, tel est le fond de la philosophie du Portique. Le monde comme totalité belle et nécessaire explique tout le stoïcisme, éthique et métaphysique. Comprendre et vouloir le tout dans un acte qui est à la fois pensée et action, conversion et salut, passer ainsi de la passion à la raison, c'est abolir le mal, mépriser la distinction sotte et pathétique de la fortune et de l'infortune, vouloir tout ce qui arrive, et par l'intelligence de la nécessité vivre l'unité divine du monde. Ainsi le sage est plus qu'homme et l'égal de Dieu. En tant qu'il est compris et aimé, le monde, peut s'appeler aussi Destin, ce qui est lui donner les attributs divins de totalité, de nécessité, de beauté. L'Être universel s'identifie alors avec l'absolu du Bien. Tout l'arsenal des arguments inventés par la piété humaine pour prouver que Dieu est innocent du mal ont été mis définitivement en forme par les stoïciens et qui philosophe dans la sagesse se condamne à les assumer et à les répéter. Le stoïcisme est l'inventeur de la théodicée, qui est en même temps une cosmodicée, puisque la piété envers Dieu et la piété envers le monde font une seule et même religion. Et cette théodicée a son destin ; elle est vouée à dire que le malheur n'est rien, puisqu'il n'est que privation et que l'Être ne saurait être responsable du non-être ; que la méchanceté ne fait rien et sert à l'accomplissement de la Nécessité : *fata nolentem trahunt, volentem ducunt* ; et qu'enfin les pleurs et les grincements de dents dans les régions inférieures du monde rendent la musique des sphères plus divinement harmonieuse.

La pensée chrétienne, historiquement considérée, a une double origine ; elle vient de la Bible et de l'Évangile mais aussi de la Grèce ; par sa source hellénique, elle est tributaire des philosophies de la sagesse, et en première analyse, les théologies ou plutôt les apologétiques chrétiennes, soucieuses de concilier la bonté d'un Dieu tout-puissant avec la réalité du mal ne manqueront pas d'utiliser les réponses toutes faites de la sagesse antique.

Recours à la totalité : nous ne voyons qu'un aspect partiel des choses, l'en deçà, le temps écoulé ; si nous pouvions leur joindre l'avenir et l'au delà, toutes choses seraient expliquées et justifiées, l'énigme dénouée, le scandale aboli par l'accès à la synthèse totale. C'est donc ici encore une privation, l'absence de la connaissance du tout, qui suscite l'angoisse devant le mal. Il suffirait que la pensée de l'homme coïncidât avec ce regard universellement enveloppant que l'on confond couramment avec l'Esprit divin pour que l'injustice apparaisse comme voie et moyen d'une justice intégrale ; car comme dit le poète : *La vision de la Justice est le plaisir de Dieu seul.* Et si nous ne pouvons pas atteindre à cette euphorie de l'apaisement, il ne s'agirait que d'un retard pénitentiel dû à notre condition charnelle, la foi n'étant alors que le substitut d'une raison qui ne peut pas s'égaler à la totalité tant que n'ont pas disparu les limitations et les interdits de la matière et du temps.

Recours à la nécessité, et à une nécessité de caractère finaliste ; les thèmes de la résignation et de la Providence ont pris souvent en climat chrétien plus qu'une résonance, un contenu proprement stoïciens ; ce qui arrive peut apparaître à l'homme comme bien ou comme mal au gré d'une subjectivité aveugle et partiale ; mais en soi l'événement, malheur ou iniquité, correspond toujours à la réalisation d'un dessein, qui transforme le mal en condition d'un plus grand bien, comme la trahison de Judas par laquelle passe la rédemption du monde. Le mot de Claudel : *le mal est dans le monde comme un esclave qui fait monter l'eau* fait écho à la parole de Plotin sur *le captif couvert de chaînes d'or.* Ici encore une foi adaptée à l'infirmité de l'esprit humain remplace en fait une raison qui, libérée de ses conditions d'existence dans l'homme, verrait à plein à travers l'univers et l'histoire une nécessité créatrice du meilleur.

Recours enfin à la beauté : la notion de gloire de Dieu est bien faite pour donner à l'univers chrétien une sorte d'éclat esthétique qui en serait la justification suprême. Même dans l'au-delà, si le partage de l'Enfer et du Ciel ne fait pas un monde irrémédiablement cassé, c'est, disent quelques théologiens, parce que l'Enfer glorifie la Justice et le Ciel la Bonté d'un même Dieu. Nous ne sommes pas si loin de ce chant du monde et de cette harmonie des sphères que percevaient par l'esprit les sages de l'antiquité et Dante nous proposant la totalité nécessaire et belle de la Divine Comédie, convoquant hommes, damnés et élus dans un univers entièrement rassemblé où chacun est à sa juste place, fait d'une sagesse dévoilée la vérité, peut-être plus esthétique que religieuse, de la vision catholique du monde.

Dernier exemple, massivement et élémentairement considéré, la pensée hégélienne et marxiste pourtant si hérissée de polémiques contre les philosophies traditionnelles de la transcendance et de l'éternité, vient elle aussi à travers toute une révolution de l'esprit et de la culture, témoigner pour la sagesse, et d'une manière beaucoup plus décisive et moins ambiguë que les formes rationaliste et scolastique de la pensée chrétienne.

Lorsque Hegel dans l'Introduction à ses *Leçons sur la philosophie de l'histoire* veut justifier le sacrifice des grands hommes de l'histoire universelle, victimes comme César ou Napoléon de leur grandeur et de leur apparente démesure, il explique que leur passion (dans les deux sens de fanatisme et de malheur tragique) n'était que le moyen dont s'est servi la raison à l'œuvre dans l'histoire ; la souffrance du grand homme est médiatisée au sein d'une totalité nécessaire et qui s'accomplit selon la beauté, si bien que ces héros deviennent des sages sans le savoir, *agents d'affaires du génie de l'univers*, parce qu'ils sont les instruments inconscients d'une sagesse impersonnelle et belle. Cet exemple révèle la méthode et la doctrine ; voici réincarné le démon d'Héraclite : le monde est dramatique, mais la guerre cesse d'apparaître comme croix et scandale, car la contradiction n'est pas l'épreuve nocturne mais le triomphe lumineux de la raison ; comme le disent les commentateurs modernes de Hegel, son *pantragisme* coïncide exactement avec un *panlogisme*, à condition qu'il s'agisse d'une logique dialectique et héraclitéenne. L'angoisse devant le mal est la part de la « conscience malheureuse », celle qui a perdu la belle totalité de l'hellénisme. Et Hegel ne cesse de philosopher contre la conscience malheureuse afin de réconcilier l'homme avec le destin, qui par nécessité dialectique réalise le meilleur dans l'histoire. L'accomplissement et le sens ne sont pas encore mais ils seront, faisant de l'histoire une totalité. La sagesse a raison et la passion est folie.

Le marxisme est une sagesse de style hégélien qui elle aussi prolonge en leur donnant un accent nouveau les grandes sagesses païennes : ici encore la dialectique, nécessité totalisante de l'histoire, apporte une absolution aux formes en apparence intolérables du malheur ; le désespoir devant la souffrance des humanités aliénées et exploitées vient de notre ignorance, car nous ne connaissons que la mauvaise moitié de l'histoire des hommes ; dans une préhistoire qui est la partie abusivement séparée du tout, il y a plus d'ombres que de lumières ; mais l'extrême douleur est ici non pas la passion, qu'évoquait Hegel, d'un homme prédestiné détaché sur le devant de la scène comme un héros tragique, mais la passion collective massive d'une classe tout entière, le prolétariat aliéné et frustré ; la chute de toute une communauté d'hommes dans un enfer social est la condition nécessaire d'une mise en ordre définitive de l'histoire ; le jeu des contraires poussé à sa limite extrême, la classe la plus déshumanisée, la plus séparée en apparence, fera l'Humanité une et réconciliée. A l'interrogation sur le mal, le marxisme ne connaît pas d'autre réponse que celle de la sagesse : élargis ton étroite pensée aux dimensions d'une raison totalisante, comprends la nécessité dialectique à l'œuvre dans le monde par une adhésion de pensée et d'action au mouvement de l'histoire, et la victime devient le bourreau de son bourreau, l'esclave le maître de son maître, les systèmes d'injustice engendrent leurs propres fossoyeurs, le sang et la boue d'hier et d'aujourd'hui sont assumés et transfigurés dans la gloire de l'humanité à venir. L'esthétisme est bien la vérité dernière de la sagesse : les lendemains qui chantent et la musique des sphères expriment le même recours à ce qu'il faut bien appeler la mythologie de la beauté.

ÉCLATEMENT ET PÉRENNITÉ DE LA SAGESSE

Nos analyses précédentes posent le problème de la sagesse. Les trois catégories de totalité, de nécessité et de beauté tiennent-elles à la nature de l'esprit, plus exactement désignent-elles dans l'esprit la présence exigeante de la raison et la recherche du sens est-elle fixée *a priori* dans ce schématisme éternel ? La sagesse est-elle alors l'idéal qui fonde la philosophie dans la mesure où la fin dernière est principe ? Ou au contraire la sagesse ne serait-elle pas antérieure à cette mise en question des sécurités rationnelles et mythiques qui est le premier moment de la philosophie ? on comprendrait alors que l'image de la sagesse hante les philosophies comme on emporte en exil une patrie perdue ; la sagesse serait alors rétrospective, objet de réminiscence et de nostalgie. Faut-il, héroïquement, sortir à jamais de la sagesse comme on s'éveille d'un rêve ou faut-il s'obstiner à la chercher, puisque déjà on l'a trouvée ?

Cette double série de questions met en place une antinomie qui pourrait être une situation-limite de la pensée et qu'on ne proposera ni de trancher ni de résoudre. Il n'est pas question de choisir entre la sagesse comme mythe et la sagesse comme Idée éternelle, encore moins de chercher entre les deux réponses extrêmes un impossible et médiocre compromis. Les deux thèses sont vraies, chacune gardant son exactitude et sa rigueur. La philosophie est partagée entre l'une et l'autre, sans pouvoir trouver une position d'équilibre dans un juste milieu, un choix ou une synthèse qui lui sont également refusés. D'où le vertige qui est son fidèle compagnon de route. D'une part la philosophie a comme fonction de s'insurger contre la mystification des sagesses et non par jeu, mais dans un combat brutal qui souhaite et qui obtient la destruction de l'adversaire. Mais la guerre victorieuse que la philosophie livre aux sagesses lui découvre à chaque fois, inaltérée, indestructible l'Idée de sagesse, non plus comme représentation mais comme exigence. La philosophie est condamnée à dire ces deux choses qui se contrarient : la sagesse doit être vaincue ; la sagesse est invincible. Ces deux langages font une honnêteté ; ce double jeu fait une probité.

La sagesse est préphilosophique. Elle disait à l'homme : inscris ton être dans la totalité nécessaire et belle, entre dans la danse, n'empêche pas la musique, et il n'y aura plus pour toi de problème du mal. La philosophie naît et s'éveille à elle-même dans un *Cogito* qui par son surgissement brise et d'irréparable manière la totalité nécessaire et belle.

Car si toute pensée est pensée de quelque chose, suivant la demi-vérité qu'il convient d'admirer pour se conformer au siècle, combien n'est-il pas plus profondément vrai que toute pensée est pensée de quelqu'un ? Tout ce qu'on appelle le personnalisme tient dans cette formule. Mais il y a une guerre à mort entre la personne et la totalité. Si insérée et si reliée soit-elle, une pensée personnelle introduit dans l'univers et dans les communautés qui la portent un centre de rupture, de discontinuité qui fait s'éclater le Tout ; la donnée immédiate de la conscience est le « j'existe à part » ; comment alors le mal pourrait-il être détaché de l'être personnel qui le subit pour entrer dans quelque vaste balance de compensation et d'équilibre afin de servir à la gloire du Tout ? Le jeune Péguy chassait les historiens de la cité harmonieuse qu'il prophétisait, car ils y auraient perpétué la mémoire de l'oppression et du malheur antérieurs, et cette seule dissonance aurait suffi à détruire l'harmonie de l'ultime accomplissement. Vue profonde et qui montre bien l'impossibilité de totaliser dans l'immanence l'expérience humaine. Les souffrances peuvent compter comme voies et moyens dans l'avènement du tout, non pas les hommes souffrants.

Comment aussi dès qu'a surgi le *Cogito* faire de la nécessité universelle la vérité qui donne sens ? Un *Cogito* est commencement, initiative, mise en question de la nature au sein de laquelle il surgit. Dira-t-on que l'acquiescement à la nécessité universelle est liberté authentique, et que le « je pense » est illusion s'il ne pense pas ce qui est et ne peut pas être autre qu'il est ? Il faut alors que dehors et dedans coïncident, que le mouvement le plus profond de la conscience rejoigne la nécessité objective et divine ; ce n'est plus moi qui pense, c'est le Tout qui s'affirme et qui pense à travers moi ; autant dire qu'il n'y a plus de libre subjectivité et de personne ; on est alors conduit à pousser jusqu'à l'extrême la logique du *nolentem trahunt* ; on avance que le refus du nécessaire n'est rien et ne fait rien, et c'est condamner le témoignage de la conscience, et encore une fois, nier la réalité de la personne. Le Besme de Claudel dans *La Ville* a raison contre les apologistes de la belle et bonne nécessité : *Allons, mets une balance entre nous, accroche les plateaux — Et prends l'Univers et tu le mettras dans le premier et je poserai dans l'autre — Mon doute et celui-ci descendra.* Refuser valeur à la nécessité n'est-ce pas en effet être plus fort que la nécessité ?

Le triomphe de la sagesse était de faire de tout mal un sacrifice à la Beauté. La totalité était belle, la nécessité était belle ; elles méritent donc de l'emporter absolument. Mais cette victoire totale, le personnalisme du *Cogito* a tôt fait de la changer en défaite totale, car la métaphysique et l'éthique de la sagesse découvrent alors leur vérité qui est esthétique, et comment sacrifier l'absolu de la conscience à la divinité du Beau ? La personne n'a plus de réalité et de valeur si elle est réduite au rôle de moyen ou de moment au dedans d'un beau spectacle ou d'un discours harmonieusement enchaîné. Le recours au poème est toujours le dernier mot de la sagesse ; et on nous redit en des langages différents le même thème à la fin monotone : que le mal compose bien et qu'ainsi il est lié à la totalité par des chaînes de lumière. Il faut de tout pour faire un monde, et même des malheureux et des méchants. L'Iliade serait moins belle sans la sottise haineuse de Thersite et la mort pitoyable d'Hector, et le monde est une Iliade qui réclame au service de sa beauté son contingent de Thersites et sa cohorte d'Hectors. La personne n'est plus la personne, c'est-à-dire un centre elle aussi de totalisation du monde, elle devient le personnage d'une tragédie de théâtre, c'est-à-dire finalement d'une comédie. Car une divine comédie reste comédie.

La sagesse avait entrepris de démontrer que le mal se réduisait à la privation et à l'absence et donc au non-être, pourvu qu'il soit compris et situé au sein d'une belle totalité ; mais la beauté frappe d'irréalité tout ce qu'elle touche et la belle totalité se change en belle apparence. Un texte de Plotin dans ce traité *de la Providence* qui est un modèle de théodicée montre admirablement ce que deviennent et le mal et le monde et l'homme quand ils sont pensés par la sagesse *sub specie pulchritudinis : Considérons comme un spectacle au théâtre ces meurtres, ces morts, ces prises et ces pillages de ville ! tout cela ce sont des changements de scène, des changements de costume, les lamentations et les gémissements des grands rôles. Car dans toutes ces circonstances de la vie réelle, ce n'est pas l'âme au dedans de nous, c'est son ombre, l'homme extérieur qui gémit, se plaint et remplit tous ses rôles sur ce théâtre à scènes multiples qui est la terre entière* (1). Qui contemple la guerre selon la beauté y voit *une danse pyrrhique.* La tragédie n'est plus que jeu de théâtre. Tels sont la beauté du destin et le destin de la beauté.

Le destin comme le montre le langage stoïcien est un autre nom de la totalité nécessaire et il est, lui aussi, une catégorie esthétique. Le monde que nous dévoile le regard contemplatif de la sagesse est exactement identique au monde de l'art tragique, et l'angoisse du mal devient cette pitié devant le malheur, cette terreur devant l'iniquité dont nous purifie l'intuition du destin « tout-puissant et juste » comme dit Hegel ; ainsi se trouvent déréalisés le malheur et le crime par l'intelligence de la belle totalité. On voit donc pourquoi il y a un idéalisme de la sagesse : c'est que la beauté et le destin sont des irréels d'essence esthétique.

Les résultats d'une démystification de la sagesse viennent donc recouvrir littéralement les conclusions de

(1) IIe Traité de la *IIIe Ennéade*, p. 43, Edition Budé.

l'analyse critique à laquelle il avait fallu soumettre *les fausses confidences de la mythologie*. La sagesse prétendait abolir les mythes et elle reconnaît la souveraineté de la beauté, ce mythe des mythes. Telle était également la dialectique du destin, ennemi de tous les mythes et mythe absolu. Le sage qui voit dans le monde une république idéale chasse de sa totalité harmonieuse les poètes inventeurs de mythes ; mais il porte sur eux une main fratricide car il est de leur race, non pas un poète, mais le poète. Devant ces formes non médiatisables du mal que sont le malheur de l'innocent, la guerre des valeurs, la puissance invincible de la mort, tous les poètes tentent la médiation de la Beauté, et le sage est l'un deux. Mais la beauté couvre l'injustifiable sans l'ôter, et elle est vaine, ou elle le dissout dans l'apparence universelle et c'est une plus grande vanité. Aussi les iconoclastes de la beauté sont-ils d'un même mouvement les iconoclastes de la sagesse, on le voit bien en se souvenant de la vocation d'Israël. Aussi la philosophie est-elle juive et les tyrans ces ennemis de la philosophie sont condamnés à l'antisémitisme comme le montrent le raisonnement et l'histoire.

La sagesse n'a donc vaincu l'angoisse du mal que dans l'idéalité du symbole. La preuve est donc faite une fois de plus que l'angoisse du mal n'est pas une émotion partiale, précaire et aveugle, mais une passion proprement métaphysique à laquelle l'opium des mythologies et des rationalismes (et c'est la même vertu dormitive) pourra apporter un semblant de sommeil mais dont le réveil met en question la sagesse. Le moment le plus sage dans l'histoire des sagesses est celui de leur éclatement. C'est l'heure de Pascal ou de Kierkegaard qui n'ont pas, comme on a feint plus haut de les en accuser, refait Protagoras au bénéfice d'une apologétique sollicitée. En maintenant ce que nous avons appelé l'identité de la pensée et de la passion alors que la sagesse cherchait dans une pensée contemplative et esthétique la fin de la passion, ils ont fait œuvre et labeur de philosophie. Heure « existentielle » si l'on veut où la philosophie naît pendant qu'une sagesse se meurt.

Le paradoxe est que la sagesse survit à son propre éclatement et qu'elle ne cesse de tourmenter la pensée qui l'a convaincue d'illusion. Car pour que l'esprit souffre passion devant le non-sens, il doit être, profondément exigence de Sens ; juger que ce sens est indéchiffrable dans l'équivoque lettre de l'histoire et du monde, c'est en porter en soi l'Idée, pressante et voilée. La philosophie est bien amour de la sagesse ; mais la vérité de cet amour — comme de tout amour — s'appelle passion. Il y a un amour de l'humainement impossédable qui se nourrit de désir et d'absence.

Nous pouvons mieux comprendre alors ce qu'est la totalité nécessaire et belle : une représentation pure et sensible de la sagesse qu'on essaierait de faire coïncider avec le cours des choses et le train de l'histoire pour ôter le mal du monde. Mais la sagesse des sages est, proche parente de l'art, une magie humaine qui n'opère pas ce qu'elle signifie, et elle se perd dans l'oubli et dans le rêve. Dans la totalité nécessaire et belle, se montre, pour utiliser les techniques kantiennes, le *schématisme* de la sagesse — mais ce schème ne peut s'appliquer à la réalité cosmique et historique. *Idée* et non pas *catégorie* pour parler encore l'exact langage kantien. La sagesse n'est donc pas reconnaissable dans le monde, le symbole trahit l'Idée et la représentation l'exigence. Il importait donc de mettre la sagesse à la question, d'enregistrer la vaine beauté de ses réponses, mais aussi de garder fidélité à la sagesse au temps du crépuscule des sagesses, de penser, dans la passion de l'esprit, cette double vérité de l'éclatement des sagesses et de la pérennité de la sagesse. Alors seulement pourra se poser le problème de Dieu, ou plutôt le problème de la croyance en un Dieu qu'on ne confondra plus avec une idole, logique ou esthétique.

CHAPITRE IV

L'athéisme purificateur

DIALECTIQUE DE L'OPTIMISME ET DU PESSIMISME

Les certitudes déjà acquises ne sont qu'en apparence plus négatives que positives et elles montrent assez de quel côté, oppressée et paralysée par le problème du mal, la philosophie doit se tourner pour reprendre respiration et élan.

Les grands et beaux chemins, on veut dire les itinéraires de sagesse, n'ont aboutit qu'à des impasses. Il se pourrait qu'il n'y ait pas de route royale au terme de la philosophie mais seulement une voie resserrée, maîtresse de solitude et d'inquiétude.

L'angoisse du mal a ce privilège d'être cette porte étroite par laquelle il faut s'efforcer, angoisse qui résiste, inentamée, on l'a vu, à toutes les formes d'apaisement esthétique ou de pacification rationnelle ; un moment trompée, ou assoupie ou interdite, elle rebondit invaincue. Ce feu que les grandes eaux de la sagesse n'ont pu éteindre, nous savons déjà qu'il brûle ; il nous faut apprendre en outre qu'il éclaire.

L'alternative de l'optimisme et du pessimisme fait

un faux problème pour qui pense au dedans de l'angoisse, ce résultat a déjà été engrangé, mais il faut en montrer après l'aspect critique le côté positif. La question n'est pas de départager Leibniz et Schopenhauer, de se demander si notre univers est le meilleur des mondes possibles ou si le vouloir-vivre qui maintient tous les êtres dans l'existence ne serait pas foncièrement mauvais. Considérer l'un et l'autre systèmes comme des paradoxes et chercher une solution au problème du mal dans un optimisme relatif ou un pessimisme tempéré, ce serait se tenir également en dehors de l'angoisse et de la philosophie. Car ni l'optimisme, ni le pessimisme, ni quelqu'entre-deux médiocre ne font des théories dont l'une pourrait être jugée préférable aux autres pour l'usage de la vie ; bien plus, ni optimisme ni pessimisme se sont véritablement intelligibles en eux-mêmes et on ne peut les comprendre qu'en les pensant dialectiquement ensemble dans la vérité d'une opposition qui est en même temps une liaison. Optimisme et pessimisme doivent passer l'un dans l'autre ; un tel mouvement n'est pas de spéculation idéologique et notionnelle, encore moins d'hésitation intellectuelle ; mais il a la double rigueur de la pensée et de la passion. Le rapport dialectique est ici l'angoisse elle-même dont le propre est de sortir toujours d'un optimisme pour traverser un pessimisme ; l'Exode telle qu'elle est décrite dans les Livres sacrés de la tradition judéo-chrétienne est un bon symbole de la véritable Odyssée de l'esprit : ébranlement vers le désert tandis qu'en arrière l'ordre antérieur, longtemps hospitalier et rassurant, est dévasté par des signes sinistres et menace de retourner au chaos. Et la sortie hors de l'optimisme des premières sagesses est en même temps une trouée vers la transcendance ; son itinéraire définira dans sa dialectique concrète la seule preuve possible de l'existence de Dieu.

Aux commencements de l'homme est toujours l'optimisme, car le premier moment est de faire de la réalité poésie et de reconnaître dans les choses le Système, le Mythe ou l'Idée que l'esprit a tirés de son propre fond — sans qu'il soit d'abord capable de reconnaître l'origine de ce Discours que lui tient l'univers et les raisons pour lesquelles il s'y meut avec une si agile aisance. Ainsi les présences opaques et lourdes paraissent métamorphosées en représentations claires et logiques ; d'où une illusion de transparence et de légèreté universelles. L'optimisme était donc idéaliste — tandis que le pessimisme sera réaliste, essentiellement démystificateur. Dans le pessimisme il ne faut voir rien d'autre que l'optimisme compris, non pas exactement l'optimisme démasqué, mais la découverte que l'optimisme est masque et masque de beauté. Né de l'éclatement d'une sagesse, dénonçant le superficiel des consolations esthétiques et rationalistes, révélant qu'une inapaisable passion fait la substance de la vie humaine, le pessimisme est autrement profond que l'optimisme. Sa polémique est invincible : à tous les coups qu'il porte, il gagne. Mais essentiellement négatif, antithèse suscitée par la thèse optimiste, le pessimisme vainqueur a besoin du vaincu pour faire son œuvre nocturne de scepticisme et de révolte, pour briser, comme nous disions, les totalités nécessaires et belles ; et au surplus le pessimisme n'a de grandeur, de contenu et de style que s'il est comme habité et hanté par l'Idée d'un accomplissement, possible ou impossible, de toutes choses selon la raison et la justice, bref par le fantôme ou par la forme de l'optimisme aboli. Comme le soleil absent fait le sublime du ciel étoilé et son obscure clarté.

Et l'optimisme ne conserve quelque chance à travers cette dialectique que par l'épreuve suprême qui lui impose de mourir dans l'espérance ambiguë et angoissée d'une résurrection inimaginable.

On va essayer de montrer comment cette dialectique de l'optimisme et du pessimisme peut poser le problème de Dieu en épousant la destinée d'une expérience humaine intégrale. Mais il fallait bien apercevoir d'abord pourquoi retirés en eux-mêmes dans un isolement théorique, optimisme et pessimisme sont condamnés à la vanité de l'abstraction. Philosophie de la belle apparence et apparence de philosophie, l'optimisme est abondant en discours et habile en rhétorique ; le pessimisme au contraire ne s'étale pas, il se concentre, se met tout entier dans un cri ou dans une médiocre poignée de maximes coupantes et sifflantes. Si bien que le premier se perd dans le bavardage et le second finit par s'abîmer dans la stupeur et le silence, à moins qu'ils n'acceptent de s'enlacer dialectiquement l'un à l'autre et de faire de leur combat la même passion, destructrice d'abord et illuminante à la fin.

Toute grande pensée dès qu'elle touche au problème du mal ne peut pas ne pas éprouver quelque chose de cette passion et de ce partage. Les philosophies de la sagesse ne vont jamais si loin qu'au moment où, consciemment ou inconsciemment peu importe, elles se mettent elles-mêmes en question et retrouvent ce mouvement par lequel un optimisme se défait en pessimisme, détruisant sa forme, maintenant son exigence. Un exemple le montrera dont le souvenir sera utile au moment de nouer conclusions et décisions.

Henri Bergson, persuadé que la philosophie est capable de donner à l'homme « la joie » est tout le contraire d'un romantique et sa pensée, quoi qu'aient pu en écrire quelques familiers du contre-sens, n'a jamais eu que répugnance pour le mystère et le pathétique. Le bergsonisme a bien plutôt renouvelé les grands thèmes de la sagesse classique, changeant moins leur contenu que leur style qui vire avec lui du rationalisme au vitalisme. L'*Évolution créatrice* garde la structure d'une théodicée — ou encore une fois d'une cosmodicée, mais qui assumerait les résultats de la biologie moderne. L'élan vital est, dans le bergsonisme, la nécessité dynamique par laquelle le monde va se totalisant ; et comme on le voit dans *Les Deux Sources* l'expérience morale et religieuse de l'humanité donne sens à toute l'aventure antérieure de la vie et accomplit les promesses de l'évolution biologique ; « le héros moral » célèbre au sommet d'un univers en expansion la gloire de l'élan vital. Il est donc facile de reconnaître dans le bergsonisme les traits d'une philosophie de la belle totalité. Le secret transparent du bergsonisme est une intuition de sérénité, caractéristique d'une optimisme et d'une sagesse. Tout ce qu'il rassemble de puissance critique vise à dissoudre l'angoisse métaphysique, accusée d'être génératrice de faux problèmes, formidables et artificiels. Et pourtant au cœur des *Deux Sources* affleure un singulier tourment qui pourrait remettre en question la sagesse retrouvée.

Bergson, en effet, platonisant par mégarde (mais quoi de plus révélateur qu'un beau lapsus ?), propose un mythe à l'état naissant ; il imagine qu'une humanité jusque là heureuse et sans scrupule apprenne un jour que le Dieu ou plutôt le malin génie créateur de l'univers a posé à l'existence des hommes cette condition affreuse que dans quelque astre lointain un innocent sera torturé aussi longtemps que se perpétuera le genre humain.

Bergson touchait ici et pour la première fois dans son œuvre au problème du mal ; l'angoisse renaît qu'il avait jugée mystificatrice ; il lui reste la ressource de la couvrir d'un symbole. Dans la supposition impossible ainsi évoquée, la pensée n'a d'autre recours que de se jeter dans la passion : l'injustice infligée à un seul a beau être utile puisqu'elle permet la vie et le bonheur de tous, elle est, pour reprendre notre vocabulaire, un mal non médiatisable, et, conclut Bergson, les consciences les plus vives préféreraient un suicide cosmique à une existence démoniaquement dévalorisée. Or comment prouver que l'essai de mythe bergsonien n'est pas l'allégorie de notre condition ? L'injustice subie, non par un seul, mais par le plus grand nombre comme voie et moyen du confort d'un petit nombre, cela fait une longue histoire et qui bien souvent se confond avec l'histoire tout court. Et se résigner à vivre dans un monde où le mal ferait un absolu impossible à effacer, à compenser, à racheter, ne serait-ce pas ratifier une iniquité plus métaphysique encore que morale, et accepter que Dieu soit mauvais — pensée que l'esprit ne peut regarder en face ? Lorsque par une distraction de son génie optimiste, Bergson inventa cette parabole noire, il venait de découvrir dans le premier chapitre des *Deux Sources* que la morale des hommes était irréparablement partagée entre la morale de la « pression » et la morale de l' « aspiration », l'une sociale l'autre divine, et c'était reconnaître l'une des formes les plus aiguës du mal, celle qui fait du bien une valeur cassée. Ainsi au terme du bergsonisme, les intuitions inattendues se retournent contre le système : fausse incohérence qui a sa vérité dans la dialectique naturelle de l'esprit, capable d'abord de sagesse et ensuite d'exode hors de cette sagesse.

Et du même coup se montre le doute sur Dieu, signifié et masqué en même temps par l'imagination d'un tyran métaphysique. Ainsi se réveille l'angoisse qui n'était qu'endormie sous le régime de la sagesse. Rien ici n'est accidentel ou propre seulement au cheminement particulier du philosophe Bergson. L'épisode symbolique, la blessure de contradiction survenue, sans qu'elle l'ait suffisamment remarquée, à une pensée qui se hâtait vers le dénouement ne sont que la vive illustration d'une nécessité universelle de caractère dialectique, celle qui fait du pessimisme la vérité de l'optimisme et qui introduit une crise dramatique dans la certitude de l'absolu et du sens. La méditation sur le mal rencontre inévitablement ce moment où la négation de Dieu apparaît comme la possibilité la plus prochaine : l'intelligence du mal conduit à l'athéisme — dont il reste à savoir s'il est la tentation ou le destin de la philosophie.

LE MOUVEMENT RÉTROGRADE DES PREUVES DE L'EXISTENCE DE DIEU ET LA SIGNIFICATION DE L'ATHÉISME

Soit propos inconscient, soit intention calculée les preuves classiques de l'existence de Dieu supposent résolu le problème du mal et accordé l'univers de la sagesse ou de l'optimisme — ce nom mineur de la sagesse. La conviction de l'irréalité du mal est le premier moteur des preuves spéculatives de l'existence de Dieu.

Ramenée à sa structure maîtresse, une preuve classique de Dieu trouve la raison d'une multiplicité ordonnée et hiérarchisée dans une unité dominatrice et simple ou encore la cause d'une suite, finie ou indéfinie, de phénomènes changeants et contingents dans une substance nécessaire, immuable, intemporelle. La preuve pourrait aussi bien mener à un Absolu « parménidien » totalisant l'Être et réduisant les êtres à la condition d'apparences, qu'à un Absolu « héraclitéen » lien intérieur de la totalité, Dieu et le monde n'étant alors que le dedans et le dehors d'une même organisation, à la fois acte et état, nature naturante et nature naturée. Qu'on opte pour la transcendance ou pour l'immanence (encore qu'une conclusion panthéiste ait l'avantage d'alléguer un Dieu qui en se posant pose et explique sans les détruire le multiple et le divers) chacune des deux hypothèses nous propose un univers dans lequel l'être du mal est *a priori* impensable. Alors la rigueur démonstrative des preuves de Dieu, résiste à la critique, car l'affirmation : « le mal n'est pas, donc Dieu est » ne saurait être contestée ni logiquement ni métaphysiquement. Le malheur est que le raisonnement n'est qu'hypothétiquement nécessaire : Dieu a été objectivement démontré grâce à une pulvérisation préliminaire de tout le mal réel et possible.

Essayons de dégager ce présupposé implicite et efficace d'une preuve de Dieu : parce qu'elle exclut toute considération de valeur ou plus exactement parce qu'elle ramène l'exigence de sens à l'effectivité d'une raison totalement enveloppante, la réduction de l'univers à l'abstraction d'une multiplicité ou d'une contingence élimine le problème du mal par soustraction clandestine de l'objet. Artifice savant et secrètement machiné pour protéger le ressort de la preuve. Que le mal surgisse dans la pluralité et le phénomène sous la forme par exemple d'une liberté qui ferait sécession et se retrancherait sur elle-même, la multiplicité cesse d'être réductible à l'unification, le contingent au nécessaire puisqu'un être s'est situé en dehors de l'Être, puisqu'il y a un autre absolu que l'Absolu divin. Les prémisses du raisonnement se dérobent en même temps que s'effondre l'appel jugé implicitement invincible de la multiplicité à l'unité et de la suite contingente au seul nécessaire. Le mal comme irréparable discontinuité fera échouer la preuve ou plus exactement il n'y a pas de preuve cosmologique de Dieu à partir d'un monde cassé.

Dira-t-on que l'ordre naturel des questions a été arbitrairement inversé et que le moment viendra plus tard d'une théodicée de style classique et leibnizien qui saura bien repriser et d'une couture invisible ce monde déchiré. Mais ce stoppage métaphysique est la pire des conventions et il n'a fait que mettre en lumière après coup le présupposé de la preuve. L'antérieur est devenu fictivement postérieur. La preuve savait déjà qu'une liberté mauvaise n'était rien et ne faisait rien, que sa désobéissance ou son immobilité n'étaient que néant et qu'au surplus en se révoltant la rebelle tomberait immanquablement dans un piège infiniment ingénieux qui la ferait servir à la gloire de l'univers. Nié ou lié, le mal est évacué et il le fallait pour que la preuve prouve.

Le propos de prouver Dieu pose donc d'avance que toute rupture dans l'univers est apparente, provisoire et relative. C'est *a priori* régler son compte au problème du mal, illusion suscitée par insuffisance de goût esthétique ou par défaillance de l'entendement synthétique : le malheur peut surgir, il est voué à devenir la complication contournée indispensable au faste de l'architecture ou la dissonance qui fait la musique plus subtile ; le mauvais esprit peut se manifester, il ne sera jamais que le valet de Dieu.

Et d'un Dieu qui est le Dieu de la sagesse. Le mouvement de pensée qui prouve Dieu est celui-là même, on l'a reconnu, qui prétendait unifier l'univers des apparences ou des phénomènes dans une totalité nécessaire et belle. D'où cette conséquence : la philosophie, qui entreprend de démontrer Dieu à partir de la cohérence et de la consistance du monde, tourne le dos au progrès de la dialectique, elle reflue vers les commencements de l'esprit et ce premier moment de poésie heureuse où l'univers et l'homme, les existences et les essences font un concert intelligible de part en part et de bout en bout. L'esprit qui anime les preuves de Dieu est fait d'une nostalgie de la sagesse et leur logique se ramène à une interruption de dialectique par retombée esthétique. Nous avons déjà rencontré cette vérité totale capable de dissoudre ou de métamorphoser par une grâce, qui est lumière de beauté, les réalités amères et déplaisantes : tel est le Dieu qui *a priori* fait du mal un irréel. Il y a donc un mouvement rétrograde des preuves de l'existence de Dieu. La marche en avant ne pourra être reprise, la tentation de la réminiscence conjurée, la sagesse antérieure dépassée que si le Dieu du discours rationaliste et esthétique se trouve mis radicalement en question. D'où la nécessité dialectique de l'athéisme.

Un Dieu démontrable par le préjugé furtif et illicite de la suppression du mal ou de sa transfiguration idéale, cette thèse nécessaire d'abord appelle d'une égale nécessité son antithèse, c'est-à-dire la négation athée. L'athéisme est donc assez rigoureusement définissable comme un mouvement de l'esprit qui s'émancipant des poésies primitives conclut de la positivité du mal au néant de Dieu ou plutôt à son absence absolue : être athée c'est donc supporter dans la sincérité de l'angoisse l'incompréhensible pesanteur que prend un monde vide d'un sens total, et donner à l'existence humaine, toute croyance défunte, un style à la fois de lucidité dans l'acceptation et de décision dans la révolte.

L'athéisme qui se contente de récuser comme suspecte d'anthropomorphisme la représentation d'un démiurge fabricant de mondes et qui congédie aux moindres frais une transcendance d'imagination est un exercice critique d'importance mineure et il ne mérite pas le nom d'athéisme surtout si après ces faciles prolégomènes, il en vient à faire de la réalité immanente dans l'espace et dans le temps la réalisation d'un ordre, le déploiement d'une vaste pensée objective — satisfait seulement de ne point alléguer un Penseur ou un Ordonnateur distincts du grand œuvre. On croit supprimer Dieu et on garde l'armature rationnelle des preuves de l'existence de Dieu. Nous connaissons, avec l'idéalisme universitaire et le marxisme, de ces théologies sans Dieu qui sont aux antipodes du véritable athéisme. La personne du Poète et l'arrière-monde convaincus de néant, reste ce monde-ci avec sa poésie divine et impersonnelle. Ce faux athéisme est en fait un panthéisme qui participe au mouvement rétrograde vers la sagesse, fait figure lui aussi de théodicée, supprime préventivement l'injustifiable et désamorce pour dogmatiser à l'aise l'objection du mal.

La confusion couramment commise entre le panthéisme et l'athéisme est bien faite pour brouiller les deux problèmes jumeaux de Dieu et du mal. Aussi convient-il d'en avoir raison : le panthéisme incline toujours du côté de la sagesse, l'athéisme pousse à son extrémité l'éclatement de la sagesse ; le panthéisme est cosmologique et théologique ; le propos de l'athéisme est de briser net les idées d'unité et de totalité qui sont les catégories maîtresses d'un système de justification universelle. Temps fort du rationalisme et de l'optimisme, le panthéisme assure avec la même perfection technique le passage de l'esprit à l'Absolu et la dissolution du mal ; il est une école de consentement à la nature et à l'histoire ; il en appelle systématiquement des partialités, des incohérences et de la ténèbre de la conscience à la plénitude consistante et lumineuse de la raison, il sacrifie le singulier à l'universel et l'homme au Grand Être qui réalise à travers lui l'unité du Tout ; l'athéisme à l'inverse donne à la libre conscience individuelle, profanatrice du sacré cosmique et social, une valeur décisive et irremplaçable ; il fait la raison cruellement et inutilement idéale et il souffre dans la passion de l'absurdité du réel ; il refuse devant le non-sens du mal les espérances mystificatrices ; il est la pointe métaphysique et singulièrement aiguë du pessimisme et de l'irrationalisme.

Entre le panthéisme et l'athéisme, le rapport est donc de répulsion et d'opposition, mais cette contrariété fait une liaison dialectique : l'athéisme n'est pas au panthéisme ce que le pessimisme est à l'optimisme dans une proportion qui ferait un équilibre rhétorique, mais l'athéisme sort du panthéisme comme le pessimisme de l'optimisme en jalonnant par un mouvement de négation et d'exode les étapes fondamentales du progrès philosophique.

Rappelons au passage deux exemples historiques qui pourraient passer pour autant de vérifications d'un même mouvement dialectique : la manière dont l'athéisme épicurien, philosophie de la discontinuité, du vide et de la contingence contredit et dépasse le panthéisme stoïcien, métaphysique de la continuité, du plein, de la nécessité, ou encore, et c'est le même progrès dialectique, la façon dont l'existentialisme athée, philosophie de la rupture, de l'absurde, de l'insularité des consciences contredit et dépasse le panthéisme sociologique du marxisme, métaphysique de la communauté humaine, de la rationalité et de la totalité historiques. D'où il résulte, entre autres conséquences, que le marxisme est un faux athéisme et qu'on ne saurait lui demander de jouer un rôle purificateur dans la problématique de Dieu et du mal, car il participe au mouvement rétrogade vers la sagesse : son humanité divinisée est, à peine renouvelée, le vieux mythe dans lequel se dénoue sans qu'il soit posé le problème du mal. Retour aux origines de la pensée, le marxisme est donc, philosophiquement au moins, le contraire d'un progressisme.

L'athéisme ne purifiera l'esprit humain que s'il est lui-même pur c'est-à-dire fidèle à l'intégrité de son essence. Le signe de cette pureté est dans la jonction de l'ironie de l'esprit et du sentiment tragique de l'existence, deux vertus proprement philosophiques ignorées des sagesses et des panthéismes. L'athéisme, métaphysique rebelle à la métaphysique, œuvre contre les synthèses, toujours idéales, fictives, mystificatrices et il dévoile les ruptures qui font de notre univers une diaspora irréparable de mondes disjoints. Matière, vie, esprit, ne sauraient faire une totalité une ni une hiérarchie belle et juste puisque la matière est, avec une monotonie inlassable, victorieuse de la vie et de l'esprit par la mort des individus et des cultures, puisque les nécessités biologiques ne cessent de contredire et d'humilier les belles et vaines émergences du génie humain. Et selon les vraisemblances positives, l'élan vital et la clarté de la pensée n'auront été qu'un bref épisode contrariant pour un peu de temps les pesanteurs et les opacités de la matière. Dans notre univers, le supérieur dépend d'un inférieur, qui le contraint, le limite et se trouve à la fin le plus fort. Ce qui mérite le plus d'être est justement ce qui existe avec le plus de précarité. Monde à l'envers que celui dans lequel valeur et être sont en raison inverse l'un de l'autre. En proposant d'entrée de jeu la contradiction irréconciliable d'un être vide de valeur et d'un esprit et d'une valeur vide d'être, le plus illustre représentant de l'existentialisme contemporain dévoilait l'essence de l'athéisme dans une formule aussi élégante que rigoureuse.

La guerre à la synthèse, l'athéisme la mène sur tous les fronts. Partout où l'unité semble se montrer, il la force à avouer qu'elle n'est qu'illusion lyrique, entre l'homme et la nature dans le cosmos, entre les sexes dans l'amour, entre les personnes dans la communauté sociale, entre les classes et les cultures dans l'histoire totale. L'athéisme est une constante de l'esprit humain et qui se retrouve aussi bien dans le *De Natura Rerum*, *La Maison du Berger*, *L'Être et le néant* où Lucrèce, Vigny et Sartre sont si décisifs contre les panthéismes stoïcien, romantique et post-kantien.

Le bilan de la négation athée est dès lors triplement positif.

D'une part l'athéisme restaure la sensibilité au mal endormie dans les mythologies et les panthéismes, il réveille l'angoisse et il découvre du même coup l'essence du mal qui est la rupture entre l'être et la valeur.

D'autre part l'athéisme, technique de réfutation du panthéisme, rend impossible le retour à ce Dieu immanent qui a pu s'appeler au long de l'histoire des sagesses âme du monde, intellect agent, nature naturante, sujet transcendantal, esprit de l'histoire, axiome éternel, raison constituante, toutes idoles d'imagination ou d'entendement par lesquelles l'homme se masque la figure disloquée du réel. Par l'athéisme, l'exode de la pensée hors des sagesses devient irréversible. Lorsque Prométhée, dont Marx, à une époque où il n'était pas encore marxiste, faisait le patron de l'athéisme, a par le vol du feu profané l'ordre sacré du monde, les dieux ne sont plus qu'un troupeau dérisoire d'acteurs retraités, et le plus désaffecté d'entre eux est Jupiter, grand roi du ciel visible et génie des cités charnelles.

Enfin, et en troisième lieu l'athéisme emprunte sa virulence à la puissance critique de l'idée de Dieu. C'est par une sorte d'argument ontologique retourné que l'idée de Dieu prouve le néant de Dieu ou plutôt son absence. Il faut en effet que Dieu soit posé en idée comme l'identité de l'être et de la valeur, pour que l'univers machine à dissocier l'être et la valeur devienne une vaste preuve de l'inexistence de Dieu. C'est faire de notre monde un Dieu manqué et avorté : comment savoir ce malheur si l'idée de Dieu n'est pas assidûment présente à une pensée révoltée mais à force de lucidité, ironique mais par excès de pathétique ?

AU DELA DE L'ATHÉISME : L'ARGUMENT ONTOLOGIQUE ET LE PARI

Les réfutations de l'athéisme sont le plus souvent rétrogrades parce que refusant d'assumer la négation athée, elles interrompent le progrès de l'esprit. La moins faible d'entre elles avance que l'athéisme est en son fond humainement impossible à penser et à pratiquer jusqu'au bout et qu'il faut bien que l'athée trouve quelque substitut du Dieu qu'il nie pour pouvoir continuer à vivre. Vérité mais vérité naive par ignorance de sa propre profondeur. L'athéisme demande en effet trop de rigueur héroïque pour être autre chose qu'une pensée limite qui se soutient en fait par la survivance plus ou moins avouée d'une étape dépassée. Il en va de même pour l'angoisse du mal, insupportable de soi, et qui est le plus souvent psychologiquement compensée par le secours de quelque théodicée. Compromis humains, trop humains. Il n'y a à connaître le tout de l'athéisme et la dernière avancée de l'angoisse du mal qu'un petit nombre de prophètes et de mystiques, qui eux ne confondent pas l'au-delà avec l'en-deçà.

La seule question est désormais de savoir s'il y a ou non un au-delà de l'athéisme et de l'angoisse, qui ferait le troisième moment des dialectiques de l'esprit. Le danger de ce schéma triparti devenu scolastique dans les écoles hégéliennes, serait de faire de la synthèse une restauration habilement ménagée de la thèse qui a été mise provisoirement hors de service, réparée et améliorée pendant l'épisode critique de l'antithèse, dont le metteur en scène n'aurait tiré qu'un médiocre effet de « suspense ». Dramatisation de comédie qui ôte à la négation sa vérité humaine, sa puissance d'agressivité et de destruction. En réalité, du premier moment qui était celui de la connaissance du sens, il ne reste rien qu'une exigence irreprésentable, tout entière passée dans le deuxième moment, la forme de la sagesse ayant dévoré son propre contenu ; et du deuxième moment, il doit au contraire tout rester ; la négation n'est pas suscitée pour être abolie mais elle doit se maintenir vivante et tendue au dedans de l'affirmation ultime, comme l'authentique joie de l'esprit conserve tout entière en elle la substance de l'angoisse.

On ne peut donc parler véritablement d'une solution

au problème de Dieu et au problème du mal, qui ne font qu'une seule et même interrogation philosophique : pas d'autre solution que le problème lui-même vécu dans la passion et pensé avec exactitude, deux expressions pour une même rigueur. Dès le début, l'angoisse, si elle était pure et dure, savait tout ce qu'il est humainement possible de savoir. La conclusion peut parler un langage commode : l'optimisme véritable est un pessimisme accepté et surmonté, comme l'authentique croyance en Dieu est un athéisme assumé et nié. Mais cette passable formule, valable en première approximation, appelle redressement et précision car l'image du dépassement est trop matérielle et imaginative pour n'être pas trompeuse. Le troisième terme n'est pas la synthèse apaisante et représentable de la thèse et de l'antithèse, et en un sens la tension du pessimisme et de l'optimisme, de l'athéisme et des sagesses est indépassable ou plus exactement la tension ne peut pas être abolie comme tension et elle constitue la seule solution possible. En ce domaine les certitudes libératrices sont dialectiques et elles apparaissent comme négations d'une négation. Mais cette négation seconde ne sort pas de la négation première par un processus logique, selon une nécessité objective et déterminante. Sans une décision résolue à laquelle nul n'est contraint ni par la figure du monde ni par les structures de l'intelligence, le pas ne saurait être franchi. Non pas qu'on fasse crédit ici à une aveugle volonté de croire qui serait le suicide de l'esprit. La négation seconde est un acte de foi dans la raison, elle représente la dernière chance de la sagesse et elle relève d'un pari mais aussi d'un argument ontologique ; elle doit être décrite en termes de liberté tout en faisant droit à l'ultime exigence de la pensée.

La négation seconde en effet est d'abord pari, dans le sens pascalien du mot, qui implique risque et responsabilité personnelle. Le mal est provocation à l'athéisme ; tout se passe comme si dans le mal tout se défaisait, par le renversement des hiérarchies justes, par le divorce de l'être et de la valeur ; le mal n'est si angoissant que parce qu'il contredit Dieu et la négation première est la perception claire de cette contradiction. Parier pour un Dieu, qui, dès que nous entrons dans la connaissance du mal, ne peut être que le Dieu caché dans l'abîme de la transcendance, c'est contredire cette contradiction par un acte de souveraine liberté tandis que se dérobent les appuis proprement mondains et objectifs. La négation première a conduit au bord du pari en radicalisant le problème, posé désormais en termes de tout ou rien, ou le néant de Dieu ou Dieu dans le mystère, rendant inévitable l'option dans le resserrement angoissé de la dernière alternative. Tel est, en esprit et en vérité, le pari de Pascal : choisir pour la plus haute promesse même si elle demande l'absolu sacrifice du sensible et du conceptuel ; décider pour le sens dans un monde tragiquement neutre entre le sens et le non-sens.

Lachelier se trompait lorsqu'il demandait que, posé le problème de Dieu, l'argument ontologique cédât la place au pari. En réalité le pari de la négation seconde est raisonnable ; selon la profonde logique pascalienne, il avoue l'incompréhensible pour éviter l'absurde ; mieux encore, pratiquant un chemin de pure liberté qui va de l'Idée de sens au sens réel, il réveille l'esprit et la vie de l'argument ontologique, la seule preuve de Dieu qui ne redescende pas vers les sagesses, les cosmologies et les théodicées.

L'argument ontologique est communément défiguré

par des interprétations intellectualistes et syllogistiques qui le séparent d'une expérience humaine intégrale sous le camouflage d'une fausse rigueur mathématique. Oser dire que Dieu ne peut pas ne pas exister parce qu'il est l'être parfait, ce n'est pas déduire *a priori* Dieu dans le sacrilège et l'absurdité, c'est faire se rejoindre dans une intuition qui nous fuit et qui reste à l'état d'exigence l'Absolu de perfection et l'infinité de l'existence, c'est reconnaître qu'il doit y avoir en raison proportionnalité entre la valeur et l'être, au point que portée à l'absolu la valeur ne saurait être idéale. La négation athée et l'argument ontologique supposent la même idée de Dieu, comme identité de la valeur et de l'être, la valeur étant la raison nécessaire et suffisante de l'être. Idée de Dieu qui a ce privilège non seulement de résister à la critique mais de rassembler le feu et la lumière de toute critique. Idée de Dieu qui parce qu'elle est absolument antérieure est génératrice de toute pensée philosophique. Idée de Dieu qui ne vient pas du monde et de l'histoire puisqu'elle juge, en souveraine, le monde et l'histoire, et qu'elle dissout les totalités rassurantes en proclamant « la mort du grand Pan ». Idée de Dieu que l'esprit ne saurait faire et défaire à son gré puisqu'elle constitue cette norme des normes sans laquelle il n'exercerait pas sa fonction d'esprit. Dès lors la nécessité que le pari et l'argument ontologique obligent l'homme à penser et à vivre, lorsqu'il va jusqu'au bout de l'homme, est une même nécessité d'option, de décision, de conclusion : l'idée de Dieu c'est-à-dire l'idée de l'être qui ne peut pas ne pas être parce qu'il vaut absolument, n'est-elle qu'une vérité sans réalité ? Parier que de la vérité à la réalité la conséquence est bonne n'est rien d'autre pour l'esprit que croire à sa propre exigence.

Croire est ici le terme propre et qui n'engage aucune révélation religieuse sinon la religion naturelle à l'esprit. L'existence de Dieu n'est ni vue, ni comprise, elle est seulement exigée non par un coup d'état de la volonté dans la nuit de l'intelligence, mais librement et lucidement pour que la raison ait raison. Une telle exigence ne peut se déployer véritablement qu'au terme d'une méditation sur le mal. L'humanité a toujours trouvé dans l'expérience du malheur et de l'iniquité des raisons à chaque fois plus fortes de nier et d'affirmer Dieu, le négatif et le positif s'approfondissant l'un par l'autre : pas d'autre absolu pour l'homme que celui qui est, vaine ou efficace, absolution du mal. Si l'angoisse du non-sens toujours possible est passion pour l'esprit c'est parce qu'elle contredit l'argument ontologique dont on a assez montré implicitement puis explicitement au long de cet essai qu'il coïncidait avec l'exigence fondamentale de la raison, celle-là même qui se perd en contemplant son image dans la totalité nécessaire et belle, se reprend ensuite dans la rupture de la négation athée et n'a besoin à la fin que d'elle-même pour poser un libre acte de foi.

Si la négation athée n'a pas été poussée à la limite, si elle n'est pas à chaque instant prochaine, cette foi est sans vertu. Tel a été le mouvement cartésien, dans ce monument exemplaire de philosophie que font *Les Méditations*, où la pensée va du doute et du malin génie à l'argument ontologique. Le malin génie, ce Dieu qui serait trompeur, cette puissance infinie privée de valeur et qui se jouerait du plus haut de l'homme, c'est un monde sans Dieu porté à l'absolu. Et le Dieu fabricateur d'une injustice irrémédiable et sans mesure qui apparaît brièvement et significativement dans *Les Deux Sources*, le malin génie bergsonien, raconte la même parabole d'un monde de bout en bout cruellement menteur, inévitable si le vrai Dieu n'est qu'idéal. Cartésien ou bergsonien, le malin génie, raison justificative du pessimisme, est la négation de Dieu faite monde, le non-sens survenant à l'être, la passion de l'angoisse portée au plus haut de l'exaspération puisque la réalité universelle devient la croix de l'esprit. Descartes et Bergson ont raison : l'itinéraire vers Dieu ne peut être ouvert que par l'affrontement et la négation du malin génie dans ce désert ou sur cette voie étroite où l'angoisse du mal a mené l'esprit.

L'essentiel a été dit, certes sur le mode élémentaire. Tout reste à faire. Le pari et l'argument ontologique se dissoudraient en pensées de rhétorique, l'angoisse se renierait et descendrait à l'attitude esthétique si l'action ne venait pas éprouver et soutenir la difficile certitude de l'esprit. La voie dialectique que nous avons décrite est le contraire d'un divertissement et d'une évasion, elle implique, elle rend nécessaires et urgentes une éthique et une politique de résistance au mal qui sont ensemble l'équivalent d'une religion naturelle. Si notre visée est juste, la seule contemplation d'un monde où le mal est scandale irait à l'oubli ou au désespoir. L'Idée de la sagesse — Idée au sens platonicien ou kantien du mot — est le fondement du devoir et de la pratique : Idée que le monde réel tantôt symbolise et tantôt contredit, Idée qui n'est pas objet mais source de l'intelligence, Idée qui nous paraît se situer en arrière de nous sans que nous puissions nous retourner pour la considérer, Idée qui pourtant contient en elle une infinie puissance de réalisation, Idée qui mystérieusement change en âme ce que nous avons d'esprit, Idée qui est un dur aiguillon, nourrit d'angoisse notre conscience et à laquelle nous empruntons pourtant ce qu'il nous faut de force pour penser et de courage pour vivre. L'identité de la pensée et de la passion nous est souvent apparue comme une essentielle vérité humaine : disons maintenant un peu plus en affirmant l'identité de la pensée, de la passion et du devoir. On essaiera de montrer pour conclure que la passion est ici le nœud et le lien, critère d'authencité pour l'action et de valeur pour l'homme.

CHAPITRE V

Le salut par la passion

L'IMMORALITÉ SANS PASSION

Toute conduite humaine comporte, secrète ou déclarée, une philosophie du mal et de Dieu qui lui donne consistance et figure. Le devoir c'est-à-dire l'obligation de réaliser la valeur, traduit en logique d'action la structure et le mouvement de l'argument ontologique, ce qui suffit à prouver que le fondement de l'éthique est dans l'idée de Dieu et sa présence à la conscience. L'immoralité exprimera alors une interruption ou une perversion de la dialectique qui, à travers l'expérience du mal, va refusant et cherchant Dieu.

Le devoir, inséparable d'une attitude polémique contre le mal, c'est-à-dire de débat et de combat avec le monde et les hommes, trouve sa vérité philosophique et concrète dans la passion. Rien ne trahit plus le cœur humain que la réduction de la vie morale à une lutte de la raison contre les passions en vue de la possession d'une sagesse paisible. Otée la passion, il ne resterait de l'homme qu'une plate caricature, une ombre sur un mur. L'immoralité lorsqu'elle va jusqu'au bout d'elle-même poursuit la même dégradation : le propre du vice est d'être sans passion, comme un rituel et une mécanique. L'Enfer est le désert de la passion et il faudrait le dire de glace et non de feu. L'homme entre en immoralité lorsqu'il organise la fuite devant la passion, comme l'avouent si elles sont correctement interrogées les trois figures essentielles du mal humain, le dilettantisme, l'avarice, le fanatisme. Les décrire serait la tâche d'une phénoménologie morale; on se contentera de les analyser brièvement comme autant de philosophies en action.

Le dilettantisme est un don juanisme du cœur, des sens et de l'esprit. Rendez-vous élégant de tous les humanismes et de toutes les cultures, produit précieux des civilisations décadentes par excès de richesses, le dilettantisme est monstrueusement intelligent, il excelle à montrer la relativité et le mélange indéfinis du bien et du mal dans les intentions et les actions humaines, il se garde de la partialité et de l'engagement comme d'une grossière faute de goût, il se réclame des apparences successives et contradictoires de la nature et de l'histoire. Le dilettante pratique une technique d'évanouissement du mal qui fait du monde un beau mensonge. Parce qu'il refuse la passion, l'accès à l'existence lui est interdit. Parce qu'il a peur de prendre le mal au sérieux dans l'angoisse, toute réalité et la sienne propre deviennent de purs possibles sans substance. Le dilettante ne vit pas, il a l'air de vivre.

L'avarice, en dépit d'un lieu commun tenace, n'est pas une passion. Ne pas vouloir dépendre, s'enfermer dans un système de sécurité, chercher une expérience de parfaite suffisance à soi, c'est l'avarice même et le contraire de la passion qui est l'épreuve continue d'une vulnérabilité à autrui. L'avare vrai est Gobseck et non pas Harpagon, ce timide, inconséquent et comique apprenti. L'avare intégral entasse l'argent pour ne rien devoir à personne et pour avoir entre ses mains l'infaillible solution de tous les problèmes, pour constamment se retirer et dominer sans le faste puéril du pouvoir visible, bref pour tenir toujours efficacement le mal à distance. L'argent n'est qu'un moyen d'y parvenir, plus vivement symbolique, parmi beaucoup d'autres. Le pharisaïsme, ce respect littéral de la loi, qui demande austérité et vertu réelles, est une technique sûre de préservation du péché et par conséquent une forme d'avarice et une même carence de passion. L'avare est toujours ce prudent, ce vertueux qui a la morale avec lui et qui a su se séparer du mal. Incapable de reconnaissance, il se perd dans une ingratitude de dimensions métaphysiques, parce qu'il n'a pas voulu s'engager dans la passion qui dissout les sécurités et dans le risque s'ouvre à l'espérance.

Le dilettante et l'avare étaient des êtres de solitude, des hommes psychologiques ; le fanatique est un être de communauté, un homme foncièrement sociologique. Le dilettantisme était une esthétique universelle, l'avarice un absolu de morale, le fanatisme est une religion politique qui entend résoudre dans l'histoire le problème du mal par des techniques d'écrasement et d'extirpation radicale. Il professe une doctrine de salut par la nation, la classe ou le parti. Le fanatique est aussi bien esclave terroriste que maître despotique : c'est le même esprit de tyrannie, le même manichéisme qui ne supporte pas le partage des valeurs, le dialogue des expériences et qui a besoin pour se rassurer sur le bien et le vrai d'une unification des consciences, impériale, charnelle, violente. Familier des procès d'hérésie, le fanatique poursuit à la fois le déshonneur, la réfutation et la mort de l'adversaire. Sa cruauté est le fruit d'une haine sans passion qui s'exerce légalement, mécaniquement, rituellement. Le fanatique réduit ses victimes à une condition anonyme, substitue à leur visage concret la définition abstraite de l'hérétique et du traître. Il résout le problème du mal par la destruction des méchants, comme on vient à bout d'une invasion de microbes et d'un vol de sauterelles. Mais dépersonnalisant l'esprit, perpétuant la guerre par sa mythologie de la dernière des guerres avant la victoire totale, il paraît parfois se confondre avec l'esprit du mal.

Dilettantisme, avarice et fanatisme ne cessent d'ajouter au mensonge, à l'ingratitude, à la haine ; ils sont le mal parce que dès le départ ils ont refusé cette participation au mal dans l'angoisse qui est la seule voie vers la libération ; chacun d'eux est un système cohérent et fort de liquidation du mal, une solution intégrale du problème — et vécus ils aboutissent à une exaspération du mal. Il manque aux moralismes comme aux immoralismes de connaître que la passion est la substance de la vie ; ou plutôt ils n'en ont que trop conscience, tant sont savantes et habiles les précautions qu'ils prennent pour ne se point brûler à cette flamme.

La passion sera alors pour la conscience morale critère d'authenticité. L'âme du devoir est ce prophétisme qui, depuis les temps de l'ancien Israël, se manifeste par la dénonciation des tyrannies et des servitudes, la protestation contre l'iniquité de la mort, la guerre aux idoles, c'est-à-dire au partage de Dieu en valeurs ennemies. Le dilettantisme oubliait, en moquant l'esprit de sérieux, que la colère et l'indignation sont les premiers sentiments moraux. La conscience morale ne sera fidèle à sa propre essence que si elle ne renie pas ses origines. En ce premier sens et comme par enracinement, le devoir est déjà passion, ou dilettantisme vaincu.

De plus la philosophie du devoir est un « tu dois, donc tu peux », formule d'exigence et d'espérance et dans laquelle Kant a vu, admirablement, le nœud de l'éthique et du métaphysique, sans toutefois y lire la vérité à hauteur d'homme de l'argument ontologique. Pensé sans la foi de la négation seconde, le « tu dois donc tu peux » joint l'ironique au tragique, car l'homme ne peut manifestement ôter par ses seules forces le mal qui est en lui et dans le monde : les mieux inspirés doivent toujours composer, tenter par une ruse humiliante et dangereuse de diviser le mal avec lui-même, pour s'attendre à être vaincu dans un ultime combat si la mort est le dernier mot de l'aventure humaine. Le devoir irrécusablement demande l'impossible, car la fin du mal serait une transfiguration de la nature et de l'histoire qui en ferait le royaume de Dieu. La tentation survient alors de substituer au « tu dois, donc tu peux », le « tu peux, donc tu dois » des morales avares qui définissent le devoir à la mesure du pouvoir humain, qui recommandent le salut par la loi et les œuvres et prêchent une spiritualité de maîtrise et de contentement de soi. Devoirs littéraux, naufrage du devoir. Le devoir vrai est dans la disjonction du pouvoir et du vouloir au sein de l'esprit tendu dans une volonté de l'impossible, passion qui brûle les sécheresses de l'avarice et qui par l'exigence s'ouvre à l'espérance.

En troisième lieu, négation active du mal, le devoir, selon la loi de tout combat désire ardemment avoir raison de l'adversaire ; ici le fanatisme guette puisque le devoir est animé par une dure intolérance contre les repentirs de compensation et les réparations symboliques qui couvrent le mal sans l'ôter ; il irait s'il recourbait et interrompait son élan jusqu'à la haine de la haine et à la croisade contre les méchants. Ce serait encore tromper et tuer la passion. Le devoir s'il participe à l'angoisse du mal désire d'un même désir véhément abolir le mal et restaurer dans l'intégrité de l'esprit les auteurs et les victimes du mal. A cette seule condition rien n'est perdu et le mal est vraiment vaincu. Le devoir est une volonté de salut qui reste aussi indéterminée dans son objet que rigoureuse dans sa visée ou si l'on veut son intentionnalité. En d'autres termes la conscience morale qui entend se maintenir au niveau de sa propre essence se connaît lorsqu'elle se sait conscience religieuse. Le devoir n'abolit le fanatisme qu'en s'éprouvant une dernière fois comme passion et passion de sauver. En ce sens, Kant a raison : le Christ est le devoir fait homme.

LA PASSION DU FILS DE L'HOMME
PROMÉTHÉE ET LE CHRIST

Une réflexion sur le problème du mal, conduite élémentairement, a permis de conclure à une faillite des philosophies closes qui étaient solution et système. Les sagesses vécues et pratiquées sont belles mais comme le dilettantisme, rationnelles et austères mais à la manière de l'avarice, résolues et héroïques, mais sur le mode fanatique. L'angoisse du mal, la critique des solutions apaisantes et des systèmes rassurant la conscience morale font une même passion qui est l'homme même. Une métaphysique et une politique qui interdiraient la passion à l'homme seraient pour lui les pires des mystifications et des aliénations, puisqu'elles lui voleraient son humanité. La passion est donc proprement la voie étroite de la libération. La dialectique décrite dans cet essai interrompt et renverse le mouvement naturel à la philosophie et à l'homme. C'est le contraire de la philosophie, c'est-à-dire la rupture de la sagesse qui est la vraie philosophie, et l'homme s'il contredit par la passion sa tendance naturelle au bonheur accède à l'homme dans l'amertume de l'esprit.

La pensée qui va à la sagesse est toujours en retard ou en avance sur l'action. La tension, c'est-à-dire une passion insurpassable, sera le lien de la pensée et de l'action. La générosité vertu et vérité de l'action, suppose une polémique constante, brutale, acharnée contre le mal, tant il est vrai qu'il n'y a de noblesse que par la guerre. Aussi l'édification d'une âme et d'une vie privée harmonieuses ne peuvent satisfaire la passion du devoir. La politique rentre alors dans la morale, comme forme nécessaire de la lutte contre les maux naturels et historiques, et elle est toujours résistance aux tyrannies et entreprise de libération. Par ce qu'elle est d'esprit la politique vérifie les dialectiques de l'esprit. Là aussi la pensée ne peut pas ne pas inventer d'abord des systèmes d'abolition totale du mal qui vont à la faillite et dont la liquidation est le risque qui provoque les crises de nihilisme, mais aussi entretient, fortifie et élève l'espérance. Parce qu'elle correspond au moment négatif de l'esprit, comme l'ont vu tous ses critiques, métaphysiciens et positivistes, l'idée démocratique, solution sans solution, et exigence maintenue permet l'unique visée juste. Elle seule est capable de conserver leur tension aux conflits entre les communautés et entre les valeurs en les empêchant de descendre au polythéisme et à la violence. Un dépassement illusoire de la démocratie vers le nationalisme ou le socialisme participe en réalité au mouvement rétrograde de l'esprit et compromet les dialectiques de libération.

La politique est prométhéenne. Comme le héros antique si prophétique des temps modernes, elle délivre l'homme de la protection abusive des dieux, lui apprend à bâtir de libres cités et à se rendre maître et possesseur de la nature par une science et une technique elles-mêmes maîtrisées. La volonté de changer politiquement la condition des hommes et l'une des passions de Prométhée. Souffrir en son cœur la morsure d'une inquiétude inapaisable est son autre passion qui fait la même passion. Car les deux figures de Prométhée, la triomphante et la souffrante, distinguées par l'illusoire temporalité du mythe font un unique Prométhée, le Prométhée militant. Tel est le destin humain et le sens progressiste de l'histoire : libérer l'homme non pour le rendre heureux — les dieux et les mythologies s'en chargeaient — mais pour que la stupeur de la misère et de la servitude ne l'empêchent pas de connaître l'anxiété de l'esprit. Le devoir indivisiblement politique et moral commande d'étendre la volonté de puissance au dehors et de creuser l'angoisse au dedans dans une sorte de crucifixion naturelle. Reste à savoir si cette passion a un sens.

Le christianisme croit au sens de la passion en confirmant et en portant au sublime les dialectiques de l'esprit. La foi chrétienne reconnaît Dieu non dans César tout-puissant bâtisseur d'un ordre juste, non dans Jupiter foudroyant l'impie, mais dans un prophète supplicié qui souffre passion et mort pour avoir dans une pureté unique vécu la passion de sauver. Le christianisme lui aussi, lui d'abord annonce la mort de Dieu ; c'est sa manière de faire éclater les sagesses ; le mal du malheur et de l'iniquité ne peut hausser plus haut sa vague. Au soir de la Passion, la nuit et le désordre envahissent le monde, et à en croire Dante les architectures infernales elles-mêmes, ces piliers de la justice absolue, s'en trouvent ébranlées. Or de ce non-sens ultime, provocation au désespoir et à l'athéisme, le christianisme fait le sens suprême. La passion s'appelle rédemption. Le Dieu innocent du mal que cherchait Platon dans les ombres d'une mythologie redressée par l'esprit est le Dieu sauveur qui a pris le mal sur lui.

Le christianisme est, au delà de la philosophie, une religion philosophique où l'homme tout entier se retrouve. Écartelés entre l'idée du Dieu vivant qui est constitutive de la pensée et l'agonie de Dieu qui se laisse déchiffrer dans ce mélange de sens et de non-sens qu'on appelle l'expérience, se trouvent cette passion et ce devoir dont nous avons assez dit qu'ils étaient l'homme même. Lorsque la philosophie tente de résoudre le problème du mal en acceptant le risque de l'échec absolu, elle ne trouve pas de solution mais elle rencontre l'homme, l'homme nu au delà du mythe, l'homme seul en deçà de Dieu, l'homme naturellement prométhéen et chrétien à qui il n'est pas interdit de trouver dans l'espérance le sens de son existence, c'est-à-dire de sa passion.

NOTE BIBLIOGRAPHIQUE

Il est hors de question de rassembler une bibliographie même sommaire sur le problème du mal — d'autant plus qu'il n'est pas d'œuvre de l'esprit qui, de près ou de loin, directement ou indirectement, ne touche au sujet. La littérature du problème c'est toute la littérature.

On a au cours de cet essai tenté une « initiation » en proposant une réflexion personnelle aux prises, à ses risques et périls, avec les difficultés et même les antinomies que soulève la plus redoutable des interrogations. Une initiation peut être aussi une invitation à l'initiative par l'exemple. L'inspiration de ce peu de pages était facilement reconnaissable : le DESCARTES des *Méditations*, le PASCAL des *Pensées*, le LAGNEAU du *Cours sur l'existence de Dieu*. Nos conclusions veulent témoigner d'une libre fidélité à ce qu'ont de convergent trois efforts philosophiques majeurs.

Au chapitre des sagesses on a particulièrement mis en question les thèmes de PLOTIN (*De la Providence*, 2e et 3e traités de la *Troisième Ennéade*, éd. Budé), de LEIBNIZ (*Théodicée*, dont il n'existe malheureusement pas d'édition scolaire complète) et de HEGEL (Introduction aux *Leçons sur la philosophie de l'Histoire*, trad. GIBELIN, Vrin). A été aussi utilisé le BERGSON du premier chapitre des *Deux sources de la morale et de la religion* (P. U. F.).

D'autres initiatives proprement philosophiques pourraient faire d'autres initiations :

Le mal et la souffrance, LAVELLE (Plon) ; *Le mal*, JANKÉLÉVITCH (Arthaud) et l'*Essai sur le mal* de NABERT (P. U. F.), d'une rare profondeur analytique. Enfin on trouvera une histoire commode du problème dans *Le problème du mal* de SERTILLANGES (Aubier).

TABLE DES MATIÈRES

Imprimé en France
Imprimerie des Presses Universitaires de France
73, avenue Ronsard, 41100 Vendôme
Avril 1992 — N° 38 219

COLLECTION « QUADRIGE »

ALAIN	Propos sur l'éducation *suivis de* Pédagogie enfantine
ALQUIÉ F.	Le Désir d'éternité
ALTHUSSER L.	Montesquieu, la politique et l'histoire
ANDREAS-SALOMÉ L.	Ma Vie
ARON R.	La Sociologie allemande contemporaine
ATTALI J.	Analyse économique de la vie politique
ATTALI J. et GUILLAUME M.	L'Anti-économique
AUBENQUE P.	Le Problème de l'être chez Aristote
AYMARD A. et AUBOYER J.	L'Orient et la Grèce antique
BACHELARD G.	La Philosophie du non
BACHELARD G.	La Poétique de l'espace
BACHELARD G.	La Poétique de la rêverie
BACHELARD G.	Le Nouvel Esprit scientifique
BACHELARD G.	La Flamme d'une chandelle
BACHELARD G.	Le Rationalisme appliqué
BACHELARD G.	La Dialectique de la durée
BACHELARD G.	Le Matérialisme rationnel
BALANDIER G.	Sens et puissance
BALANDIER G.	Sociologie actuelle de l'Afrique noire
BALANDIER G.	Anthropologie politique
BARON S. W.	Histoire d'Israël, T. I
BARON S. W.	Histoire d'Israël, T. II
BARRET-KRIEGEL B.	Les Droits de l'homme et le droit naturel
BERGSON H.	Essai sur les données immédiates de la conscience
BERGSON H.	L'Energie spirituelle
BERGSON H.	L'Evolution créatrice
BERGSON H.	Le Rire
BERGSON H.	Les Deux Sources de la morale et de la religion
BERGSON H.	Matière et mémoire
BERGSON H.	La Pensée et le mouvant
BERGSON H.	Durée et simultanéité
BERNARD C.	Principes de médecine expérimentale
BLANCHÉ R.	L'Axiomatique
BORNE E.	Le Problème du mal
BOUDON R.	Effets pervers et ordre social
BOUDON R.	La Place du désordre
BOUHDIBA A.	La Sexualité en Islam
BOUTANG P.	Ontologie du secret
BRÉHIER E.	Histoire de la philosophie, T. I
BRÉHIER E.	Histoire de la philosophie, T. II

COLLECTION « QUADRIGE »

BRÉHIER E.	Histoire de la philosophie, T. III
BUBER M.	Moïse
CANGUILHEM G.	Le Normal et le pathologique
CHAILLEY J.	Histoire musicale du Moyen Age
CHARNAY J.-P.	La Vie musulmane en Algérie
COHEN-TANUGI L.	Le Droit sans l'Etat
CORTOT A.	La Musique française de piano
CROZET R.	L'Art roman
DESCARTES R.	Méditations métaphysiques
DEUTSCH H.	La Psychologie des femmes, T. I
DEUTSCH H.	La Psychologie des femmes, T. II
DUMÉZIL G.	Du mythe au roman
DURAND G.	L'Imagination symbolique
DURKHEIM E.	Les Règles de la méthode sociologique
DURKHEIM E.	Le Suicide
DURKHEIM E.	Les Formes élémentaires de la vie religieuse
DURKHEIM E.	Education et sociologie
DURKHEIM E.	De la division du travail social
DURKHEIM E.	L'Evolution pédagogique en France
DURKHEIM E.	Leçons de sociologie
DURKHEIM E.	Le Socialisme
DURKHEIM E.	L'Education morale
FEBVRE L.	Martin Luther, un destin
FESTUGIÈRE A.-J.	Epicure et ses dieux
FOCILLON H.	L'Art des sculpteurs romans
FOCILLON H.	La Vie des formes
FOUCAULT M.	Naissance de la clinique
FOULQUIÉ P.	Dictionnaire de la langue pédagogique
FREUD S.	L'Homme aux loups
GANDHI	Autobiographie
GINOUVÈS R.	L'Art grec
GODECHOT J.	La Contre-Révolution, 1789-1804
HAMSUN K.	La Faim
HAYEK F. A.	La Route de la servitude
HYPPOLITE J.	Figures de la pensée philosophique, T. I et II
JACCARD R.	La Tentation nihiliste
JANKÉLÉVITCH V.	Philosophie première
JANKÉLÉVITCH V.	Henri Bergson
JOHNSTON W.	L'Esprit viennois
KANT E.	Critique de la raison pratique
KANT E.	Critique de la raison pure
KAUTSKY K.	Le Bolchevisme dans l'impasse

COLLECTION « QUADRIGE »

LACOSTE Y.	Géographie du sous-développement
LAGACHE D.	La Jalousie amoureuse
LAGACHE D.	L'Unité de la psychologie
LALANDE A.	Vocabulaire technique et critique de la philosophie, en 2 vol.
LAMARCK J.-B. DE	Système analytique des connaissances positives de l'homme
LAPLANCHE J.	Hölderlin et la question du père
LE BON G.	Psychologie des foules
LEFEBVRE H.	Le Matérialisme dialectique
LÉONARD E. G.	Histoire générale du protestantisme
	T. I : La Réformation
	T. II : L'Etablissement
	T. III : Déclin et renouveau
LEROI-GOURHAN A.	Les Religions de la préhistoire
LEVINAS E.	Le Temps et l'autre
LÉVI-STRAUSS C.	L'Identité *(Séminaire)*
LOVY R.-J.	Luther
MAIMONIDE M.	Le Livre de la connaissance
MAISTRE J. DE	Ecrits sur la Révolution
MARÇAIS G.	L'Art musulman
MARION J.-L.	Dieu sans l'être
MARION J.-L.	Sur la théologie blanche de Descartes
MAUSS M.	Sociologie et anthropologie
MERLEAU-PONTY M.	La Structure du comportement
MONTAIGNE	Les Essais, livre I
MONTAIGNE	Les Essais, livre II
MONTAIGNE	Les Essais, livre III
MORENO J.-L.	Psychothérapie de groupe et psychodrame
MOUSNIER R. et LABROUSSE E.	Le XVIIIe siècle
NISBET R. A.	La Tradition sociologique
PARISET F.-G.	L'Art classique
PIAGET J.	Sagesse et illusions de la philosophie
PIRENNE H.	Mahomet et Charlemagne
POULANTZAS N.	L'Etat, le pouvoir, le socialisme
PRIGENT M.	Le Héros et l'Etat dans la tragédie de Pierre Corneille
ROMILLY J. DE	La Tragédie grecque
ROSSET C.	Schopenhauer, philosophe de l'absurde
ROSSET C.	L'Esthétique de Schopenhauer
ROSSET C.	L'Anti-Nature
ROSSET C.	La Philosophie tragique
SARTRE J.-P.	L'Imagination

COLLECTION « QUADRIGE »

SCHOPENHAUER A.	Aphorismes sur la sagesse dans la vie
SCHOPENHAUER A.	De la volonté dans la nature
SEIGNOBOS C.	Histoire sincère de la nation française
SENGHOR L. Sedar	Anthologie de la nouvelle poésie nègre et malgache
SIEYÈS E.	Qu'est-ce que le Tiers Etat ?
SOBOUL A.	La Révolution française
STERN H.	L'Art byzantin
SUZUKI, FROMM, DE MARTINO	Bouddhisme Zen et psychanalyse
TAZIEFF H.	Les Volcans et la dérive des continents
VAN TIEGHEM P.	Dictionnaire des littératures, vol. 1 : A-C
VAN TIEGHEM P.	Dictionnaire des littératures, vol. 2 : D-J
VAN TIEGHEM P.	Dictionnaire des littératures, vol. 3 : K-Q
VAN TIEGHEM P.	Dictionnaire des littératures, vol. 4 : R-Z
VAN TIEGHEM P.	Les Grandes Doctrines littéraires en France
VAX L.	La Séduction de l'étrange
VERNANT J.-P.	Les Origines de la pensée grecque
WALLON H.	Les Origines du caractère chez l'enfant
WALLON H.	L'Enfant turbulent
WALLON H.	Les Origines de la pensée chez l'enfant
ZAZZO R.	Les Jumeaux, le couple et la personne